JN441231

좋은 인연입니다.
고맙습니다.
2026년 새봄
남 명 우 드림

감사함이 행복입니다

농어촌 복지연구가

남명우 명상집

도서출판 실천

실천 총서 065

감사함이 행복입니다

초판 1쇄 인쇄 | 2026년 2월 12일
초판 1쇄 발행 | 2026년 2월 25일

지 은 이 | 남명우
발 행 인 | 이어산
편 집 | 김성진
발 행 처 | 도서출판 실천
등록번호 | 서울 종로 바00196호 등록일자 | 2018년 7월 13일
| 진주 제2021-000009호 등록일자 | 2021년 3월 19일
서울사무실 | 서울특별시 종로구 율곡로 6길 36
02)766-4580, 010-6687-4580
본사사무실 | 경남 진주시 동부로 169번길 12. 윙스타워지식산업센터 A동 705호
055)763-2245, 010-3945-2245 팩스 055)763-2246

ISBN
값 20,000원

* 이 책의 국립중앙도서관 출판예정도서목록(CIP)은 서지정보유통지원시스템(http://seoji.nl.go.kr)과 국가자료종합목록시스템(http://www.nl.go.kr/kolisnet)에서 이용하실 수 있습니다.
* 잘못된 책은 교환해드립니다.

감사함이 행복입니다

농어촌 복지연구가

남명우 명상집

感思합니다.
감사함이 행복입니다.
복지농어촌이 선진대한민국의 초석입니다.

농촌운동가 남명우

■ 머리글

발간할 책 제목을 『감사합니다』로 생각한 것은 2021년 1월28일 새벽이었습니다.

생각해보면 그간 70이 되도록 살아오면서 얼마나 많은 은혜를 입으면서 살아왔는지 헤아릴 수 없습니다. 제목으로 『감사함이 행복입니다』로 했습니다.

생각해 보면 고맙고 감사하지 않은 일이 있습니까?

먼저 이렇게 낳아서 길러주신 부모님께 감사드립니다. 큰형님, 역할을 어느 분보다 톡톡히 해주셨고 지금도 부모님을 대신해서 나를 걱정해 주시는 큰형님, 나 때문에 학교 결석도 수없이 했다는 나의 작은 형님. 기중이 민지의 성장에 결정적 역할을 해주시시고 우리 가족을 지탱해 주신 장모님. 나의 따뜻한 안식처가 되어준 가족들 무한히 감사합니다.

가족에 대한 소개는 나의 첫 책 『백사청송 하동』에 언급되어 있어 이곳에선 생략하지만 그 감사함이란 헤아릴 수 없습니다.

그리고 늘 격려해 주신 선배, 후배님을 비롯한 수많은 지인분들께 감사드립니다.

여러 가지 감사할 일이 많지만 저의 외손자 최준서(2017년 9월 4일 출생), 친손자 남승현(2020년 12월 30일 출생) 둘째 손자 남이현(2025.03.12.) 저의 슬하에 존재하게 해준 것은 얼마나 감사한 일인지 모릅니다.

건강하게 행복하게 잘 자라서 이 사회에 꼭 필요한 사람으로 성장해주길 바라는 기도를 합니다.

태어나서 지금까지 무수한 고비가 있었지만, 주위의 도움으로 이렇게 심신이 건강하게 생활하고 있음은 감사할 일입니다.

언제나 『감사합니다』로 하루를 힘차게 출발합니다.

건강하게, 떠오르는 태양을 보고, 맑은 공기를 마시며 숲속을 산책할 수 있음은 너무나 감사한 일입니다. 정말 감사합니다!

'감사합니다! 고맙습니다.'에 대한 약간의 설명도 참고해 볼까요?

'감사합니다.'라는 말이 일본어에서 유래되었다고 하는 사람들이 있는데, 그것을 확인할 근거 자료는 찾을 수 없습니다. 또한 '고맙습니다'보다 '감사합니다'가 더 격식을 갖춘 공손한 말이라고 여기는 경향이 있기는 합니다. 그러나 '감사하다'는 고맙게 여기다. '고맙다'는 남이 베풀어 준 호의나 도움 따위에 대하여 마음이 흐뭇하고 즐겁다라는 뜻으로 '감사합니다.'와 '고맙습니다.' 모두 쓸 수 있는 표현이라고 합니다. '감사합니다.'를 많이 사용하고 있습니다만, 우리의 고유어인 '고맙습니다.'를 살려 쓰는 것이 더 바람직하다고 하겠습니다.

어쨌든 '감사합니다. 고맙습니다.'를 입에서 떠나지 않게 생활함은 행복하고 즐거운 일이 많이 생기게 하는 좋은 행동이라고 봅니다.

"감사합니다. 고맙습니다."

이제 이 生이 다할 때 까지 '감사합니다'를 생활의 활력소로 삼겠다는 의지를 이 책에 담고 싶습니다.

그리고 11번째 희망을 담아 성취시키겠다는 감사한 의지를 저 자신에게 약속하는 장으로 만들고 싶습니다.

매일 아침 관세음보살님의 가피를 찬탄하며 발원합니다.

1. 항상 건강한 심신으로 살아가도록 노력하겠습니다.

2. 저의 슬하의 온 가족이 건강하고 행복하도록 도와주십시오.(특히 외손자 최준서. 손자 남승현.남이현이가 건강하고 행복하게 무럭무럭 잘 자라서 이 사회에 꼭 필요한 인재로 성장할 수 있도록 도와주십시오.)

3.제가 농장을 직접 경영해서 성공하도록 도와주십시오.

4. 제가 인자한 얼굴로 남을 사랑하도록 도와주십시오.

5. 제가 글과 글씨를 잘 쓰도록 도와주십시오.

6.항상 남에게 도움과 기쁨을 주고, 공감시킬 수 있는 말을 할 능력을 주십시오.

7. 제가 하고 싶은 일을 하고, 남에게 진 빚을 갚고 어려운 사람도 도울 수 있도록 풍요함을 주십시오.

8. 장모님, 큰형님, 작은형님, 작은형수님 건강.행복하시고 슬하의 가족들 모두 건강 행복하도록 도와주십시오.

9.제가 농촌운동가로서 대한민국의 농촌, 농업발전을 견인할 수 있는 능력을 주십시오.

10. 농촌에 이상촌 설립을 할 수 있는 능력을 주십시오.

11. 노인의 삶의 질 향상을 위해 일할 수 있도록 능력을 주십시오.

12. 좋은 일자리를 많이 만들 수 있도록 능력을 주십시오.

13, 항상 희망을 가지고 기쁘게 생활하도록 도와주십시오.

14, 남의 은혜를 갚도록 해 주십시오

15. 감동적이면서 여러 사람의 생활에 도움이 되는 책을 발간하도록 도와주십시오

16. 항상 남을 칭찬하고 격려하는 생활을 하도록 이끌어주십시오.

17. 항상 봉사하는 사람으로 생활하도록 도와주십시오.

18. 남의 좋은 일, 궂은 일에도 함께 웃고 슬퍼하는 사람이 되게 해주십시오.

19.존경받는 아버지, 할아버지가 되게 해주십시오.

20. 항상 부처님의 가피 속에서 살아가도록 해주십시오.

21. 항상 관세음보살님의 보살핌 속에서 생활하도록 해주십시오.

1953년(계사년) 음력 1월 4일생 남명우

2020.08.01.부터 매일 염원

■ 추천사

하동의 큰바위 얼굴

강희근(시인)

큰바위 얼굴은 예전이나 지금이나 다섯 번이고 열 번이고 그 자리서 있습니다. 동트는 아침부터 해지는 노을까지 시간을 넘어 밤낮을 넘어 아니면 세월을 훌쩍 뛰어넘어 그 마을에 있습니다

사람들은 그 사이 인정을 만들고 풍속을, 민속을 만들며 자랑스러운 하동에서 이웃이 되고 인연이 되어 어쩌면 세월이라는 가속도를 바라보는 사람들 그 자리 두고 해처럼 달처럼 돌다가 돌아오고 있을 것입니다.

그 남겨진 사람들 곁에 우리들의 큰바위 얼굴은 엎드리거나 비바람 맞아가며 눈서리 맞아가며 젖어서 말려져서 존재의 탑처럼 외로이 서 있을 것입니다.

그 큰바위 얼굴이 누구일까요? 어디에 서 있을까요? 어디를 바라보고 있을까요?

저는 그 큰바위 얼굴이 〈남명우〉라는 농어촌 복지연구가가 아닐까 합니다.

그 연구가는 지역대학의 전환기에 학생운동의 진두에 서서 도단위 국립 거점대학의 총학생회장(경상국립대)으로 탄탄한 입지를 차지했던 사람이고 학교를 나와서는 복지농어촌운동가로서 기후변화, 인구감소 등의 열악한 환경 극복을 기치로 내세우며 젊은이들이 찾아오는 농촌 만들기에 늘 그 자리에 서서 분투하는 다양한 정책들을 내세우며 있었습니다, 그 사람이 우리 지역의 큰바위 얼굴이 아니겠습니까.

그의 사람됨은 감사하는 마음, 감사하는 생활이 주류를 이루고 하동의 대자연에 깃들어 살며 농민들의 생산자로서의 수고를 챙기고 농촌사회의 주역이란 자리를 겸허히 빋아들이는 그 주인정신에 함께하고 있으니 이 또한 큰바위 얼굴의 면목이 아니고 무엇이겠습니까?

오늘 이 시대는, 백세시대요 AI시대로서 살아가는 방식이 과거의 지도자나 행정가로서는 따라잡지 못하는 부분이 있다는 것은 사실입니다. 오늘의 시대는 전문분야가 스스루의 체험으로 실천적인 습득에 닿아 있어야 지도자가 지도자 역할을 할 수 있는 시대인 것입니다. 그런 체험의 소유자라야 AI에 먹혀든다는 것이니, 우리 하동의 큰바위 알굴이 바로 그런 지도자가 되어 마땅한 것입니다.

모처럼 새 술은 새 부대에 담아야 한다는 말이 있는 것처럼 새로운 시대정신에 부합하는 준비된 열굴, 그 얼굴을 맞이하는 계기가 되기를 바랍니다. 감사합니다.

■ 차례

1부
감사합니다

2부
농어촌복지운동 1

3부
농어촌복지운동 2

4부
감동적인 글, 좋은 글 모음

5부
사람이 살아가는 모습

6부
행복은 내가 만드는 것

1부

감사합니다

감사의 글

저 푸른 하늘과
태양을 볼 수 있고

대기를 마시며
내가 자유롭게 산보할 수 있는 한

나는 충분히 행복하다.
이것만으로 나는 신에게
감사 할 수 있다.

-「감사」 노천명

노천명 시인의 '감사'란 시다.
일상의 모든 것에 만족하고, 감사할 수 있음을 노래하고 있다.

하루를 시작하면서 감사해야 할 것들을 열거해 보자.
먼저 즐겁고 건강하게 하루를 시작한 것이 감사하다.
석갑산 봉우리에서 지리산을 바라보면서 좋은 기운을 마실 수 있음에 무한한 행복을 느낍니다.
뒤돌아 맑은 하늘에 떠오르는 태양을 바라보면서 깊은 호흡으로 맑은 공기를 마실 수 있는 것도 감사할 일입니다.
경쾌하게 산보하는 분들의 친절한 인사는 더욱 감사합니다.
또 일상에서의 감사할 일은 얼마나 많습니까?

행복하라고 설 인사을 보내주시는 지인들도 감사합니다.

나의 어슬픈 농촌.농업발전 운동에 격려해주는 가족, 친구, 선후배, 지인들 이 감사합니다.

아파트의 안정과 청결을 관리해주는 분들도 감사합니다.

우리가 삶을 유지하는 먹거리를 생산해주는 농업인들에 대한 감사는 말로 표현할 수 없습니다.

생활하는데 필요한 것을 제공해주는 수많은 분들이 감사합니다.

언뜻 나열해도 이렇게 감사할 일들은 많습니다.

(2021.02.01.)

행복은 감사하는 사람의 것

또 우리의 대명절 설을 맞이합니다.
지난 세월에도 감사하고 고마워해야 할 일 들이 많았습니다.
내가 건강하게 존재하고 있음은 절대자에 대한 감사입니다.
나를 있게 해 주신 부모님에 대한 감사.
나에게 가르침을 주신 스승님께 대한 감사.
내가 먹고, 입고, 자고, 생활하게 해주신 수많은 분들에 대한 감사.
나에게 용기를 주고 성원해주신 분들에 대한 감사 등등 감사할 자세만 가지면 온통 감사해야 할 일들입니다.

유태인들의 생활규범인 탈무드에 "이 세상에서 제일 지혜로운 사람은 누구인가? 어떤 경우에도 배움의 자세를 갖는 사람이다. 이 세상에서 제일 강한 사람은 누구인가? 자신과의 싸움에서 이기는 사람이다. 그리고 이 세상에서 제일행복한 사람은 누구인가? 지금 이 모습 이대로 감사하면서 사는 사람이다."라고 쓰여 있습니다.

철학자 아리스토텔레스는 "행복은 감사하는 사람의 것이다"고 했고, 인도의 시성 타고르는 "감사의 분량이 곧 행복의 분량이다고 했습니다.

감사할 수 있는 자세가 필요하고, 감사하다고 말할 수 있을 때 우리는 이미 행복한 것이 아닐까? 행복은 많은 재물도 ,명예도 결코 아니고 현실에 만족하고 감사하는 마음이라고 말하고 있습니다.

괴테는 "이 세상에서 가장 쓸모없는 인간은 감사할 줄 모르는 인간이다."고 했습니다.

물질만능시대인 현대인들을 질타하는 명언들입니다.

낳아 길러 준 부모님에 대한 감사도,

나를 가르쳐 준 스승에 대한 감사도,

나에게 사랑을 주는 가족에 대한 감사도,

나에게 의, 시, 주를 가능하게 해준 모든 분들에 대한 감사도,

깡그리 잊고 불평불만만 되 뇌 이 는 사람에게 이미 행복은 존재하지 않는 것이라고 봅니다.

"반딧불을 보고 감사하는 사람에게는 별빛을 주십니다.

별빛을 보고 감사하는 사람에게는 달빛을 주십니다.

달빛을 보고 감사하는 사람에게는 영원한 햇빛을 주십니다."

-C.H. 스펄전 -

감사하는 마음을 쌓아 가면 영원하고 큰 행복을 받는다.-는 아름다운 명언입니다.

키케로는 "감사하는 마음은 가장 위대한 미덕일 뿐 아니라 다른 모든 미덕의 근원이 된다.까지 말했습니다.

감사한 마음으로 더욱 행복한 인생행로이길 빕니다.

이세상 살아가면서 감사한것은 셀 수가 없습니다. 항상 '감사합니다.'를 되뇌이는 요즈음 입니다. 모두가 감사합니다. 모든일이 감사합니다

(2021.03.07.)

아버지, 어머니 감사합니다

이 세상에서 가장 고마운 분은 아버지와 어머니입니다. 이미 두분 모두 세상을 떠나셨지만 감사한 마음은 그대로 입니다. 아버지께선 1905년에 출생하셔서 1981년 음력10월27에 돌아가셨고, 어머니께선 1914년에 출생하셔서 2012년 음력 7월18일(양력9월4일) 99세 白壽에 돌아가셨습니다.

두 분께선 이 세상에서 막내아들인 나를 가장 사랑하신 것으로 혼자만의 생각을 해봅니다. 엄마가 없인 못살 것 같았습니다. 아버지의 든든함이 없인 허전해서 못살 것 같았습니다. 어렵고 어려운 환경속에서도 자식들은 눈을 띄워야 한다는 일심으로 자식들의 교육을 챙겼습니다.

큰형님 시대의 중학교, 작은 형님의 대학교육, 나의 대학교육은 산골마을 우리동네에선 흔치않은 일이 었습니다.

어머니는 우리모두의 그리움 대상입니다. 어머니의 위대함은 바로 성자입니다.어머니를 걸림돌.고인돌로 여기는 마음을 없애는 자식이야말로 그나마 도리를 다하는 것이지요.

좋은글 옮겨놓았습니다.

"몇해 전, 미국 어느초등학교 과학시간에 선생님이 아이들에게 시험문제를 냈다. 시험문제는 "첫 글자가 M으로 시작하는 단어중 상대방을 끌어 들이는 성질과 힘을 가진 단어를 쓰시오" 였다.

정답은 magnetic 磁石이었다.

그런데 85% 이상의 학생들이 답을 mother(엄마)라고 썼다.

고민하던 선생님이 마침내 mother를 정답으로 처리했다는 실화가 전해진다.

학생들이 M으로 시작하는 말로 상대를 끌어들이는 성질을 가진 단어를 "마더"로 기억하는 것은 너무나 당연한 일이다.

얼마 전, 세상에서 가장 아름다운 말 1위로 선정된 단어 역시 '어머니'였다.

세상에서 가장 아름다운 눈은 젖 먹는 자기 아이를 바라보는 어머니의 눈동자이며, 세상에서 가장 아름다운 모습은 아이에게 젖을 먹이는 어머니의 모습이라고 한다.

사진전시회에서 최우수작품으로 선정된 작품을 감동 깊게 본 적이 있다. "기다림"이라는 제목의 사진으로 해질 무렵 동구밖 느티나무아래 누군가를 기다리는 여인의 뒷모습이다.

아이를 안고 있는 모습을 바라보는 것 만으로도 가슴이 뭉클했다.

자식을 기다리는 어머니의 모습이리라. 그림이 주는 메시지는 기다림과 그리움. 어머니는 기다림과 그리움의 대명사이다.

여자는 어릴 적엔 아버지를 기다리고, 성장하여 결혼해서 자식을 낳아 자식이 외출하면 그 자식을 기다리게 된다. 기다릴 수 있고, 그리워 할 수 있는 상대가 있다는 것은 행복이다.

사랑은 그리움이고 기다림이다. 그래서 그리움과 기다림은 사랑의 또 다른 말이다.

전쟁이 나면 아이들을 데리고 피난을 가다 폭탄이 떨어지면 아버지는 짐 보따리를 잡고 몸을 숨기지만 어머니는 아이들을 안고 방패막이가 되신단다.

자식을 사랑하는 마음은 동물세계에서도 볼 수 있다.

어느 시골에 화재가 났는데 불이 진화되고 난 다음 날 광에 들어가 보니 암탉이 병아리들을 품은 채 새까맣게 타 죽어 있었고 병아리들은 모두 살아있었다는 실화가 전해진다.

가족여행을 간 자식이 늙은 어머니를 홀로 둔채 돌아가 버려 경찰

이 양로원에 입원시켰다는 소식들이 있다.

놀라운 것은 그 어머니는 아들의 이름과 주소를 결코 대는 일이 없다고 한다.

자식은 어머니를 버려도 어머니는 자식을 결코 버릴 수 없기 때문이다.

어머니가 살아 계셔 번거로왔고 불편한 불만의 시기도 있었다.

그래서 부모는 어릴 적엔 '디딤돌' 나이들면 '걸림돌' 더 늙으면 '고인돌'이라는 말이 있다.

어머니!

모든 인간의 영원한 안식처이자 고향같은 존재이다.

모든 것을 다 품어 주시고 모든 것을 다 주고도 기억하지 않는

어머니!

그건 영원한 향수이며 불러도 불러도 자꾸만 그리운 마음의 고향과 같은 이름이다.

이 세상에서 자신보다 자식을 더 사랑했던 그 분이 바로 그리운 우리의 어머니이시다."

어머니가 그립습니다.

(2021.05.11.)

감사한 시간들

정말 감사한 시간입니다. 행복이 가득한 들판을 건강하게 산보할 수 있는 것은 축복입니다. 갖가지 희망조각들이 뇌리를 채웁니다. 건강.사랑.봉사.풍요로움!!! 조물주께서 우리인간에게 갖가지 번뇌를 주었지만 그번뇌를 없애는 지혜도 주었습니다. 갖가지 어려움도 있지만 그것을 극복해가는 지혜도 주었습니다. 행복을 만드는 자유도 주어 다행입니다.

(2021.05.13.)

감사한 출발입니다.

오늘도 고마운 분들과 행복을 나누었습니다.

세상에서 유일하고 가장 소중한 나에게 감사하고 있습니다.

나의 건강. 행복을 위해서 최선을 다할 것입니다.

심신의 건강을 위해 노력하고 있습니다.

푸른 희망과 함께 하고 있습니다.

(2021.05.18.)

감사합니다.

조용하게 눈을 감고 편안한 자세로 내가 잘 살고 있다는 확신속에 건강.꿈.희망.기쁨.감사함.웃음.사랑.즐거움등 긍적적인 단어들을 나열해봅니다. 머리가 맑아지고 밝은 빛이 온몸을 감싸는 듯합니다.

건강해집니다. 환한 미소가 띄어집나다. 희망의 물결이 흘러들어옵니다. 밝은 현재가 느껴집니다. 야호!

(2021.06.02.)

꽃도 피고 지고
웃음꽃도 피고 지고
슬픔과 괴로움도 있다가 없어집니다.
인생만사 변화무쌍합니다.

이 대목에서 평정심을 가지는 사람이 행복의 주인공이라고 봅니다.

(2021.07.08.)

가족의 소중함

2021.06.27.(일요일) 새벽2시 나는 화장실 가는 길에 쓰러져 정신을 잃었습니다.

다행히 쓰러지는 소리를 들은 친구가 발견해서 가슴을 누르는 일을 반복하는 심폐소생술로 정신을 되찾았습니다.

그날 그곳에 자지 않았다면 그 시간에 그 친구가 쓰러지는 것을 발견하지 못했다면 생명을 잃었거나 불구가 되는 상황이 되었을 것으로 판단되고 있습니다.

결과는 위궤양이고 빈혈로 인한 일이 었습니다.

부처님의 가피로 다시 태어났다는 확신이 서는 일이고 친구가 은인이 되게 해주었습니다.

그리고 아들 기중이가 달려와서 이리저리 병원을 찾아다니면서 MRI도 찍어 뇌건강을 확인하는 등 수고를 했고

며느리, 딸, 사위, 외손자, 손자가 모두 찾아와 위로를 하는 등 가족의 소중함이 느껴지는 소중한 경험도 했습니다.

'정말 감사합니다'는 말이 반복되는 시간이었습니다.

지금(2021.08. 10)도 약은 먹고 있지만 거의 건강이 회복된 상황이 된것 같습니다.

생명의 소중한도 더욱 느끼면서 남을 위해서 더 많은 일을 해야한다는 의무감도 가지면서 새로운 각오를 다지고 있습니다.

(2021.08.10.)

어머니 죄송합니다

어머니,

오늘 음력 7월18일! 사랑하는 어머니께서 돌아가신지 만 9년이 되는 날입니다.

어머니께서 계시지 않으면 못살 것 같던 어린 시절이었습니다.

그런 어머니를 보내고 9년 세월이 흘렀습니다. 오늘 새벽부터 부처님. 관세음 보살님의 가피로 모든 분들과 함께 안락한 생활을 기원하는 마음으로 염불을 합니다.

어머니의 제사도 아버지의 제사와 같이 (음력10월27일) 모시는

관계로 나는 매년 이날 산소에 가서 어머니께 잔을 드립니다.

오늘도 비가 많이 왔지만 산소를 찾아뵈었습니다.

“남의 눈에 꽃이 되고 잎이 되어라, 뜻대로 마음대로 되라”고 생일 등 가족행사 때마다 빌고 빌던 그 음성이 생생한데 내 나이 일흔이 되도록 아직 그 높으신 뜻을 이루지 못했습니다.

어머니, 죄송합니다.

하지만 아직 꾸준히 노력하고 있습니다. 대한민국 농촌. 농업발전의 밀알이 되겠다는 꿈을 실현하기 위해 노력하고 있습니다.

남에게 입은 은혜를 갚기 위해 노력하고 있습니다.

노인들의 삶의 질 향상을 위해 노력할 채비를 차리고 있습니다.

어려운 사람들게 일자리를 만들어 주기위해 노력하고 있습니다.

이제 저도 인생후반기에 접어들었습니다.

의미있게, 보람있게, 참되게 살겠습니다.

어머니, 감사합니다.

(2021.08.25.)

오늘도 감사함으로 시작합니다

오늘도 감사한 하루가 시작됩니다.
심신이 건강하고 풍요로운 생활을 합니다.
내가 가진것이 어느누구보다도 많다고 확신합니다.
희망, 건강, 즐거움이 가득한 생활을 엮어갑니다.
정말 감사함이 가슴에 가득합니다.
행복은 내가 만드는 것입니다.
현재가 중요합니다. 웃으면 행복해집니다.
이 풍성한 가을에 행복을 주어담으십시오
(2021.10.08.)

오늘도 감사함으로 시작하는 하루입니다.
매일 좋은 글 보내주시는 선배님께서 "살아있기에 누릴 수 있는 행복" 이란 제목의 좋은 글 보내주심에 감사드립니다.
친구와 함께 남해금산에 갔습니다.
보리암 법당에서 스님들의 염불소리들으며 부처님의 가피를 느낄 수 있어 감사했습니다.
정상에서 내려다보는 금산의 가을단풍은 얼마나 감사한 일입니까?
산중턱까지 마을버스를 타고 가는데 수고하시는 기사님을 포함한 안내자분들도 감사합니다.
맛있는 점심식사도 가장 감사한 일입니다. 그 밥상이 있기까지 수많은 분들이 수고하신 것입니다. 그 분들께도 감사드립니다.
같이 동행해 준 친구는 얼마나 감사합니까?
(2021.11 15)

오늘도 감사한 하루가 시작되었습니다. 건강한 심신이 얼마나 고맙습니까?

이세상에서 오직 하나뿐인 (나)이기에 더욱 소중하게 갈고 닦으며 보존해가야합니다.

그것도 한 평생뿐이기에 더없이 소중하게 살아가야합니다.

누구도 대신해줄 수 없는 삶이기에 더욱 열심히 살아가야합니다.

넘어지고 상처받을지라도 멈추면 안됩니다.

오직 하나뿐인 (나)이기 때문입니다.

감사합니다! 감사합니다! 감사합니다

(2021.12.04.)

감사합니다! 정말 감사합니다!

오늘도 감사함의 연속입니다.

아침일찍 일어나 건강하게 명상의 시간을 가질 수 있어 감사합니다!

가을 빛이 찬란한 그린공원을 기쁘게 걸을 수 있게해준 절대자에게 감사합니다!

은행나무밑에 노란잎과 은행열매가 수북하게 쌓여있습니다. 이공원의 수많은 나무를 심게하고, 심은 누군가에게 감사함을 전합니다. 요즘 몇일째 은행잎, 은행열매를 주워서 잎은 차로 마시고 열매는 손질해 익혀먹습니다. 그맛이 쏠쏠합니다.

토요일 아침마다 가게된 사찰 환경을 깨끗이 해주시는 분에게도 감사드립니다.

진주논개시장(중앙시장)의 아침시장도 한바뀌 돌면서 눈요기를 합니다.수없이 진열된 물건들을 생산하신 분들께 감사드립니다. 맛있고 싼 고구마, 김이무럭무럭나는 두부도 한모 샀습니다. 고구마도 두

부도 맛있게 먹었습니다. 정말 감사할 일입니다.

가족들 모두가 건강하게 생활하는 것은 얼마나 감사한 일입니까?
(2021.12.05.)

오늘도 감사함으로 시작합니다.

건강한 심신으로 시작할 수 있어서 감사합니다.

모두가 행복한 사회를 염원하며

하루가 시작되고 있습니다.

아침식사도 많은 분들의 노력으로 만들어집니다.

감사합니다.

지나온 나날들에 부모님을 비롯한 도움주신 분들을 떠올립니다. 은혜를 갚아가면서 차근차근 더 큰사랑을 확인할 것입니다. 감사합니다.

빚을 갚지 못하고 있는 많은 분들께도 감사와 미안함을 전합니다.

이제 은혜를 갚을 날이 도래되었습니다.

그동안 나를 변호하기 위한 거짓말도 수없이 했습니다.

참회하고 있습니다.

생활에 편리한 수단들을 만들어 준 많은 분들에게도 감사함을 보내드립니다.

감사합니다!!! (2021. 12. 14)

감사합니다. 임인년 새해에도 모든 일에 감사하는, 언제나 감사한 마음을 가지는 일년을 만들겠다는 원을 세웠습니다. 감사한 마음은 일의 성취에 우선해야 하는가 봅니다. 언제나 감사하고 모든 것에 감사하는 사람은 반드시 행복할 것이고 행복할 자격이 있다고 믿습니다.

(2022.01.03.)

박목월의 나그네처럼

오늘 아침 산책길은 시원한 봄바람이 불어 박목월 시인의 「나그네」가 흥얼그려지고 감사함이 충만해집니다. 우리의 온 겨울, 봄들판이 밀, 보리로 온통 푸르렀으면 하는 바람도 해봅니다. 곡물 자급율도 높이는 계기가 되지만 낭만이 흐르는 시골 풍경도 재생될 수 있기 때문입니다.

박목월 시인의 나그네 읊으며 봄을 그려보시지요.

"강나루 건너서
밀밭 길을
구름에 달 가듯이
가는 나그네
길은 외줄기
남도 삼 백리,
술 익는 마을마다
타는 저녁놀
구름에 달 가듯이
가는 나그네"

얼마나 여유와 낭만이 함축되어 있습니까? 봄바람에 나불거리는 밀밭, 자연에 어우려지는 흥, 밀밭과 술 그리고 저녁노을의 아름다움, 우리의 고향 농촌의 낭만과 여유를 만끽해 보는 삶! (2022.01.24.)

감사의 달

가정의 달이 시작되었습니다. 가장 감사해야 할 달입니다.

어린이날. 어버이날. 스승의날 등 사랑을 주고받는 행사가 많은 달입니다. 주고받아야 할 정은 엷어지고. 돈을 비롯한 물질교환의 행사가 되는 경우가 많아 아쉬움을 줍니다. 물론 물질도 중요하지만.가족간의 애틋한 사랑을 느끼고 표현하는 그런 가정의 달이길 기대해봅니다.

(2022.05.01.)

감사합니다..인생도전을 생각합니다. 나이들어서도 하고싶은일을 할 수있다는 희망을 결실로 보여주는 것이 저의 또 하나의 꿈입니다.

"꿈은 이루어진다"는 진리를 믿습니다. 모두가 꿈을 꾸고 이루는 노력을 해봅시다.

(2022.07.17.)

감사한 출발입니다.

오늘도 고마운 분들과 행복을 나누었습니다.

세상에서 유일하고 가장 소중한 나에게 감사하고 있습니다.

나의 건강. 행복을 위해서 최선을 다할 것입니다.

심신의 건강을 위해 노력하고 있습니다.

푸른 희망과 함께하고 있습니다.

감사는 행복을 가슴속에 안착시켜 주는 최고의 낱말입니다.

오늘도 감사하는 하루되십시오

(2022.08.24.)

갈매기의 꿈

리처드 바크의 『갈매기의 꿈』은 나에게 깊은 감명을 준 소설입니다. 내가 실의에 빠져있던 1973년 어느날 친한 친구가 책을 보내면서 『가장 높이 나는 새가 가장 멀리 바라본다』는 책에 있는 소중한 글귀를 써서 보내주었던 기억이 생생합니다. 50여년이 흐른 지금 그 소중한 글귀를 기억하며 새로운 도전을 하고 있습니다. 그 친구에게도 행운이 가득하길 바라면서 요약된 책 내용을 공유합니다.

"1970년 미국에서 발표된 소설이다. 프랑스의 소설가 생텍쥐페리처럼 전직 비행사였던 작가가 비행에 대한 꿈과 신념을 실현하고자 끝없이 노력하는 갈매기 조나단 리빙스턴의 일생을 통해 모든 존재의 초월적 능력을 일깨운 우화형식의 신비주의 소설이다.

신(神)의 영역에 도전한 '오만의 죄로 가득한 작품'이라는 성직자들의 거센 비난에도 불구하고 출판되자마자 미국 문학사상 최대의 베스트셀러였던 『바람과 함께 사라지다』의 판매기록을 뛰어넘는 세계적 베스트셀러가 되었다.

한국에서는 1973년 문예출판사에 의해 최초로 번역·출판되어, 이보다 1년 먼저 번역·출판된 『어린왕자』와 함께 스테디셀러로 널리 읽히고 있다.

조나단 리빙스턴은 단지 먹이를 구하기 위해 하늘을 나는 다른 갈매기와는 달리 비행 그 자체를 사랑하는 갈매기이다. 멋지게 날기를 꿈꾸는 조나단은 진정한 자유와 자아실현을 위해 고단한 비상의 꿈을 꾼다. 조나단의 이러한 행동은 갈매기사회의 오랜 관습에 저항하는 것으로 여겨져 다른 갈매기들로부터 따돌림을 받게 되고 끝내 그 무리로부터 추방당하게 된다. 동료들의 배척과 자신의 한계에도 좌절하지 않고 끊임없는 자기 수련을 통해 완전한 비행술을 터득한 조나단은 마침내 무한한 자유를 느낄 수 있는 초현실적인 공간으로까지 날아올라 꿈을 실현하게 된다. 그러나 조나단은 자기만족에 그치지 않고 동료 갈매기들을 초월의 경지에 도달하는 길로 이끈다.

이 작품은 자유의 참의미를 깨닫기 위해 비상을 꿈꾸는 한 마리 갈매기를 통해 인간 삶의 본질을 상징적으로 그린 감동적인 내용의 소설이다. 특히 다른 갈매기들의 따돌림에도 흔들림없이 꿋꿋하게 자신의 꿈에 도전하는 갈매기의 인상적인 모습에서 자기완성의 소중함을 깨닫게 된다. 작가는 '가장 높이 나는 새가 가장 멀리 본다'는 삶의 진리를 일깨우며, 우리 인간들에게 눈앞에 보이는 일에만 매달리지 말고 멀리 앞날을 내다보며 저마다 마음 속에 자신만의 꿈과 이상을 간직하며 살아갈 것을 촉구하고 있다."

(2022.11.13.)

오늘 아침 산책길은 낙엽과의 아름다운 대화입니다. 모진 비바람 견뎌서 이가을에 아름다움을 한껏 발휘한 후 미련없이 땅으로 살며시 내려왔군요. 봄꽃보다 가을 단풍이 훨씬 정이가고 아름다운 것은 단풍은 모진 비바람을 견뎌왔기 때문입니다. 발밑에서 속삭이는 낙엽에 포근함을 느낍니다

(2022.11.16.)

인생은 채워지는 것

행복은 그냥 오는 것이 아니지요.

부단히 노력하고 욕심 팍 줄이고 함께 행복해야 한다는 자리이타의 삶이라여 행복한 가슴을 가질 수 있지요.

유달리 행복해 보이는 노인에게 물었습니다.

"당신은 정말 행복해 보이십니다. 어떻게 살아야 당신처럼 근심 걱정 없이 항상 웃을 수 있는 겁니까?"

그러자 그 사람이 대답했습니다.

"저 물 위에 평화롭게 둥둥 떠다니는 오리들이 보이십니까? 보기엔 아무 염려 없어 보이지만 저 오리들도 물 아래서 얼마나 열심히 두 발을 움직여야 하는지 아십니까?"

그냥 가만 있어도 행복한 세상은 아니지만, 이 좋은 세상에 태어난 행복한 우리네 인생. 소풍 마치고 떠나는 날 참 잘 살았다고, 참 괜찮은 삶이었다고 자신에게 칭찬받는 인생이 되어야 하지 않을까요?

인생은 흘러가는 것이 아니라 채워지는 것이라 합니다.

우리는 하루하루를 보내는 것이 아니라 내가 가진 무엇으로 채워가는 것이라고 하는 것입니다.

(2022.11.20.)

일출을 보며

오늘(2023년1월19일) 아침 희망찬 일출을 봅니다. 만물에 생명의 기를 주는 태양에 감사를 드립니다. 간혹 태양의 감사한 마음. 남에게 배려하는 마음이 행복의 열쇠입니다. 지인분의 "행복의 황금열쇠"를 주셔서 고맙게 받았습니다.

행복이 별건가요. 보고 싶은 사람 보고 먹고 싶은 음식 먹고 하고 싶은 일 하며 즐겁고 기쁘게 살면 그게 바로 행복인 거죠! 행복의 문을 여는 비결 오늘 당신이 만나는 사람에게 웃음을 활짝 지어도 손해 볼 것 없습니다.

"고맙다"고 말해도 손해 볼 것 없습니다. "훌륭하다"라고 칭찬해도 손해 볼 것 없습니다. 함께 일하는 것이 즐겁다고 말해도 손해 볼 것 없습니다. 그렇게 말하면 그 말이 당신에게 두 배로 메아리가 되어서 돌아오기 때문입니다.

오늘 당신이 나가는 일터와 하는 일에 대해서 "감사한 마음"을 가져도 손해 볼 것 없습니다. 그 감사하는 마음이 일과 일터로부터 당신을 더 높은 곳으로 인도하기 때문입니다.

오늘 당신과 한솥밥을 먹는 가족에게 따뜻한 웃음을 보여도 손해 볼 것은 없습니다. "수고한다" "고생한다"라고 말해도 손해 볼 것은 없습니다. 그 따뜻한 웃음과 따뜻한 말이 바로 행복의 문을 여는 것이기 때문입니다. 오늘 하루 웃음으로 시작하고 감사하는 당신이 손해 볼 것은 없습니다.

(2023.02.18.)

모든 것에 감사하며

우리가 살면서 감사한 일들이 얼마나 많을까요?
부모님께서 이 세상에 존재할 수 있게 해주신 것에 감사합니다.
이 세상을 건강하게 살아가는 내 자신에 감사합니다.
숨쉴 수 있는 공기가 있어 감사합니다.
먹을 수 있는 먹거리를 공급해 주는 농, 어업인에 감사합니다.
건강하게 아침을 열 수 있어 감사합니다.
우리가 생활하는데 필요한 물건을 만들어준 분들이 감사합니다.
살아가면서 의지하는 혈육들에 감사합니다.
마음을 주고받는 지인들이 감사합니다.
나를 눈뜨게 해준 스승님들께 감사합니다.
편리한 일상을 만들어주는 모든 분들게 감사합니다.
모든 것에 감사함을 느끼는 것이 행복이라고 해도 되겠지요?
(2023.06.27.)

감사합니다. 감사하면 마음이 따뜻해집니다.
감사하면 심신이 건강해집니다.
감사하면 행복이 옵니다.
감사하면 좋은 사람들이 곁에 있습니다.
감사하면 만사형통합니다.
감사하면 웃음꽃이 활짝 핍니다.
감사하면 사회가 맑아집니다.
감사하면 활기찬 사회가 됩니다
(2023.06.30.)

인생 후반의 삶

감사합니다. 이렇게 인생후반을 잘 살것이라고 확신하는 내자신에 감사합니다.

요즈음 내가 향후의 희망을 말하면, 많이 듣는 말은 '이제 편안하게 살지'입니다. 나는 단호하게 얘가합니다. "나는 지금부터 제대로 된 나의 일을 만들고 싶다"고, 그것이 나를 행복하게 합니다.

나의 롤모델은 중국의 등소평입니다. 74세에서 88세까지 중국의 최고 지도자로서 오늘의 경제대국 중국을 만든 사람입니다. 정치적인 것을 떠나서 나이를 초월한 작은 거인이었기 때문에 그분을 존경합니다. 물론 우리나라에도 그렇게 노익장을 과시한 분들이 많습니다. 그중에서도 김형석 님이 좋은 본보기인데 1920년에 태어나서 2023년 지금 103세임에도 강연등 청년의 열정으로 일하고 계십니다. 김형석 교수님께선 80세까지 장년이라고 하셨는데, 나는 90세까지 장년이라고 주장하고 싶습니다.

저가 일흔인데 앞으로 20년은 더 팔팔하게 일하고 사랑하며 살고 싶기 때문입니다.

나는 나이들면서 농촌에서 살아야 된다고 주장합니다. 쾌적하고 한가로움 속에서 맞춤형 일을 하면서 즐겁게 사는 노년을 추천합니다. 물론 이런 행복의 조건을 국가나 단체가 그런 환경을 만들어주어야합니다. 아무튼 90세까지 일하고 우정도 사랑도 하면서 사는 우리가 됩시다.

(2023.07.07.)

번뇌와 지혜 그리고 행복

정말 감사한 시간입니다. 행복이 가득한 들판을 건강하게 산보할 수 있는 것은 축복입니다. 갖가지 희망 조각들이 뇌리를 채웁니다. 건강, 사랑, 봉사, 풍요로움! 조물주께서 우리인간에게 갖가지 번뇌를 주었지만, 그 번뇌를 없애는 지혜도 주었습니다. 갖가지 어려움도 있지만 그것을 극복해가는 지혜도 주었습니다. 행복을 만드는 자유도 주어 다행입니다.

(2023.07.08.)

감사하게 살면 됩니다.

주위를 돌아보면 행복만 한 사람도, 불행만 한 사람도 없습니다. 비교해 보면 도토리키재기입니다.

나 혼자만 어려운 것도 아닙니다.

단지 다른 것이 있다면 긍정적으로 사느냐 부정적으로 사느냐입니다.

사소하고 작은 것에도 기쁨을 느낀다면 그것이 행복이지요. 즐거웠던 일을 되새김하는 것도 행복이지요.

감사하는 마음으로 희망과 함께 살아가는 겁니다.

(2023.07.09.)

감사한 시간

정말 감사한 시간입니다. 행복이 가득한 들판을 건강하게 산보할 수 있는 것은 축복입니다. 갖가지 희망 조각들이 뇌리를 채웁니다. 건강, 사랑, 봉사, 풍요로움! 조물주께서 우리인간에게 갖가지 번뇌를 주었지만 그번뇌를 없애는 지혜도 주었습니다. 갖가지 어려움도 있지만 그것을 극복해가는 지혜도 주었습니다. 행복을 만드는 자유도 주어 다행입니다.

감사하고, 긍정적인 말은 좋은 결과를 만들어냅니다.

'하면 돼! 할 수 있어. 희망이 있어. 기분이 좋아.

얼굴이 좋아! 건강해! 등등. 자신에게도, 남에게도 희망을 만들어 줍니다.

비바람 속에서도 필꽃은 아름답게 핍니다.

어려움 속에서도 그것을 디딤돌 삼아 꿈을 이루는 사람은 있습니다.

(2023.07.14.)

감사한 말

감사합니다. 극락 천국에서 쓰는 좋은 말들이랍니다.

1, 미안해요 (I AM SORRY)

2, 괜찮아요 (THAT'S OKAY)

3, 좋아요 (GOOD)

4, 잘했어요 (WELL DONE)

5, 훌륭해요 (GREAT)

6, 고마워요 (THANK YOU)

7, 사랑해요 (I LOVE YOU)

이 말들을 많이 사용하면 행복해진답니다

모두가 감사함이 함축된 말이니까. 행복이 따라오겠지요.

극락의 말, 천국의 말만 사용하면 분명 다른사람에게도 무한 행복을 느끼게 하는 것은 당연하지요.

웃음꽃으로 감사함을 전달하는 행복한 시간 가져보는 겁니다.

(2023.07.23.)

웃음꽃

꽃도, 꽃다운 얼굴도 한 철 한 시기에 불과하지만 꽃다운 마음. 웃음꽃은 평생 간직하면서 자신에겐 행복을 만들어 주고 타인에게도 위로와 용기를 줍니다. 감사한 마음, 따뜻한 마음으로 아름다운 세상을 만들어봅시다.

(2023.07.29.)

감사가 너와 나의 행복을 만듭니다.
감사하면 건강해 집니다.
감사하면 웃음꽃이 핍니다.
감사하면 만사형통합니다
(2023.08.02.)

기분이 좋으면 웃음이 나옵니다.

그런데 나이들면 근심이 많아지고 웃음이 줄어듭니다. 그런데 웃음은 절대 필요합니다.

웃음은 행복을 불러들이고 건강도 지켜준다는 것은 아는 사실이지요? 웃으면 면역 기능을 떨어뜨리는 코르티솔 호르몬 분비가 준다는 것입니다. 15초 동안 크게 웃기만 해도 면역세포가 활성화된다는 것입니다. 잘 웃으면 바이러스에 대한 저항력이 향상되고 세포 조직 증식에도 도움이 된답니다. 뇌는 거짓 웃음도 진짜 웃음과 비슷하게 인지한다는군요. 의식적으로 소리 내어 웃으면, 건강해질 수 있다는 것이지요.하하하!!!!!!

웃음꽃을 활짝 피웁시다. (2023.08.04.)

걷기운동의 감사함

오늘도 비갠 푸른공원을 건강하게 걸을 수 있음에 감사합니다. "감사합니다"를 되풀이하고 고마운 분들과 감사의 교감을 할 수 있다는 것은 더욱 고마운 일입니다. 걷기운동은 누구나 잘 알고 마음만 먹으면 할 수 있는 운동이기에 소중한 것입니다. 어느곳에서나 할 수 있습니다. 특별한 장비나 훈련이 필요하지 않습니다. 오직 개인의 의지에 달린 운동입니다. 대부분의 전문가들은 하루 30분이상.일주일에 5일정도 실천하는 것을 권하고 있습니다. 이점을 들어보면 체중관리, 심혈관 건강, 뼈와 근육의 힘, 정신건강 등 심신의 건강에 최고랍니다.

자! 시작하는 겁니다. 감사하는 마음으로 즐겁게 걷기운동 실천하는 것입니다. 이것이 행복의 충분 조건인 건강을 지키는 고마운 운동입니다. 감사합니다.

(2023.08.11.)

웃음꽃 행복

웃음꽃을 피우는 사람이 행복해집니다.
좋은 생각을 하면서 힘차게 걸으면 심신이 건강해집니다
남에게 친절을 베풀고 남에게 따뜻한 마음을 주면 행복해집니다.
자연과 교감하면 행복해집니다.
모든 것에 감사하면 행복해집니다.
사랑하고 우정을 나누는 애인, 친구와
함께하면 행복은 더욱 커집니다.
좋은 글 좋은 말과 함께하면 행복해집니다.
행복은 물질도 명예도 아니고 내마음이 만느는 섯입니다
아리스토텔레스가 말했습니다.
"자기를 행복하다고 생각하는 사람이 가장 행복한 사람입니다."라고, 웃음꽃 피우는 감사하고 행복한 시간 되십시오.

(2023.08.14.)

밝게 희망을 가지고

오늘도 감사한 하루를 시작합니다.
만나는 모든 사람께 겸손하고 감사하기를
바랍니다.
순수한 마음으로 감사해야겠습니다.
밝게 생활할 수 있기를 바랍니다.
용기(勇氣) 백배(百倍)하여 열정(熱情)으로
최선(最善)을 다하는 시간이 되기를 바랍니다.

밝게 희망을 가지고 감사하는 그런 사람이
되기를 바라고 노력하겠습니다.
감사(感謝)합니다.

(2023.08.16.)

선진 대한민국

우리 대한민국이 세계의 횃불이 되고 있습니다.

자유민주국가로서 튼튼한 복지국가가 되었습니다.

*짚신 나라에서 신발 수출 1위의 나라가 되었다.

*초가집 나라에서 아파트의 나라가 되었다.

*호롱불 나라에서 원전 수출의 나라가 되었다.

*사랑방 글방 나라에서 세계 제일의 문맹이 없는 나라가 되었다.

*UN 도움으로 나라를 지킨 나라에서 UN사무총장을 배출한 나라가 되었다.

*외화벌이 노동 수출 나라에서 노동 수입국이 되있다.

*숭늉 나라에서 커피 왕국이 되었다.

*짐 보따리 나라에서 재벌의 나라가 되었다.

*가마 나라에서 자동차 천국의 시대가 되었다.

*한길 나라에서 거미줄 고속도로 천국이 되었다.

*거북선 나라에서 선박 수출 세계 제일의 나라가 되었다.

*대장간 나라에서 제철 왕국이 되었다.

*5일장 나라에서 백화점, 대형마켓의 나라가 되었다.

*비행기 없던 나라에서 초음속 전투기를 생산하는 나라가 되었다.

*활 쏘는 나라에서 전차, 대포, 전투기를 수출하는 무기 수출 8위의 나라가 되었다.

*달을 보며 계수나무 부르던 나라에서 달을 탐색하는 위성을 쏘아 올린 나라가 되었다.

*판소리 나라에서 K-팝 수출의 나라가 되었다.

*천막극장 나라에서 세계적인 영화배우와 k팝스타를 배출하는 나

라가 되었다.

*마라톤만 1등하던 나라에서 태권도, 수영, 빙상, 골프, 양궁, 배드민턴, 탁구, 펜싱, 야구 등에서 1등하는 국가가 되었고, 올림픽을 개최한 나라가 되었다.

*국민소득 60불 나라에서 35,000불, 세계가 인정한 세계 10위 경제선진국이 되었다.

이제 다함께 화합해서 명살상부한 선진대한민국이 되어야합니다. (2023.08.17.)

참된 친구

참다운 친구가 있고 없음에 수명, 행복이 좌우된다는 것이 여러 연구결과에서 증명되었습니다. 그러면 진정한 친구란 어떤 사람일지요? 아래에 열거해 봅니다. 이런 친구가 있다면 분명 행복하게 오래 살 수있는 필요조건을 갖고 있다고 봅니다.

진정(眞正)한 친구란,
환경(環境)이 좋던 환경이 여의(如意)치 않던,
늘 내 주위(周圍)에 함께 있었으면 하는
부담없는 그런 사람입니다

친구(親舊)란?
이런 저런 문제(問題)가 생겼을 때
저절로 마음을 열고 의논하고
싶어지는 그런 사람입니다

친구(親舊)란?
좋은 소식(息)을 들으면
제일(第一) 먼저 그 기분좋은 일을
알리고 싶은 그런 사람입니다

친구(親舊)란?
다른 사람에게는
밝히고 싶지 않은 내용이나

일까지도 그에게만은
내 속내를 얘기하고 싶은
그런 사람입니다

친구(親舊)란?
마음이 아프고
괴롭고 외로울 때
의지(依支)하고 싶은
그런 사람입니다.

친구(親舊)란?
이런 저런 일로 인해
지치고 쓰러져 있을 때
곁에서 나를 지켜주고 보호해 주고
힘이 되어 주는 그런 사람입니다.

친구(親舊)란?
슬플 때 기대어서
맘 놓고 할 얘기 다 하고
마음 놓고 울 수 있는
어깨를 가진 그런 사람입니다.

친구(親舊)란?
내가 울고 있을 때
그의 얼굴에도 나와 같은 눈물이
보이는 그런 사람입니다.

친구(親舊)란?
내가 실수했다 해도
조금도 언짢은 표정 짓지 않는
마음이 언제나
밝은 그런 사람입니다

친구(親舊)란?
필요(必要)에 따라서
언제나 진실된 충고도 해주고
위로(慰勞)도 해주는 사람입니다.

친구(親舊)란?
내가 짊어신 무서운 짐을 나누이
함께 짊어지자고
조금이라도 가볍게 내 짐을
들어 주는 사람입니다.

친구(親舊)란?
갖고 있는 비록 작은 물건
일지라도 즐겁게 함께 나누어
쓸 수있는 그런 사람 입니다.

친구(親舊)란?
남에게 말하지 못 할
비밀(祕密) 하나까지도
허심탄회(虛心坦懷) 하게
털어 놓고 속내를

나눌수 있는 사람 입니다.

친구(親舊)란?

야동을 같이 보고 희희 락락하며

과거를 회상하고

엔돌핀이 생기는 사람입니다.

진정(正)한 친구란 이런조건이 붙는데

이런 친구가 한사람이라도 있다면 우리는 행복하고 건강한 인생을 살고 있는 것입니다.

친구들께 감사드립니다.

(2023.08.18.)

자연과 함께하는 감사

자연과 교감하고 순응하는 삶이 바람직하다고 봅니다. 좋은 공기 마시며 산책을 하고, 좋은 경관을 즐기며 자연에 산재해 있는 좋은 식물을 채취해 먹는 것: 자연과 교감하는 일이라고 봅니다. 우리 인간은 자연에 역행하면 반드시 그 대가를 치릅니다. 우리는 좋은 산과 강, 들을 보전하는 것에 최선을 다해야 하는 의무가 있습니다.

(2023.08.21.)

감사합니다.
감사는 시공간에 매이지 않고 함께하는 보배입니다.
감사는 생각대로 정해지는 보배입니다.
감사는 측정할 수 없는 보배입니다.
감사는 자리이타의 삶을 만들어주는 보배입니다.
감사는 우리의 삶을 살맛나게 해주는 보배입니다.
감사하는 삶은 희망이 있습니다.
감사하는 삶은 풍요롭습니다.
감사하면 심신이 건강해집니다.

(2023.08.28.)

감사함이 일상입니다.
살아숨쉬는 동안은 모두가 감사한 일입니다.
오늘도 (감사합니다!)로 시작되었습니다.
감사로 인사를 나누는 시간도 고마운 일입니다.
모두가 행복을 일상화할 수 있길 바라는 마음 간절합니다.

(2023.09.14.)

항상 감사하는 마음 간직하면 좋겠습니다. 쉽게 흔들리지 않는 평온한 일상을 바랍니다. 큰 욕심 갖지 않고.성내지 않는 일상을 바랍니다. 건강. 지혜. 용기. 덕이 충만하면 좋겠습니다
(2024.01.03.)

복 많이 받으십시오. 농촌에서 태어남에 감사하고 농촌사람들과 함께 정을 나눔이 감사한 일입니다. 농촌의 유지발전을 견인한다면 더없이 감사한 일입니다.
(2024.01.24.)

감사합니다.
'참 나를 찾아야한다.'는 선지자의 말씀처럼 나의 본래 모습을 찾고자 발원하는 시간입니다.
모든 것에 감사하면 감사한 일이 생긴다는 확신을 가집니다.
(2024.09.10.)

밀물을 기다리는 배

2024년 12월 28일 오전 7:53 1월 8일 감사합니다. 오르막이 있으면 내리막이 있고 썰물이 있으면 분명 밀물이 있음은 자연의 법칙이고 인생의 진리입니다. 좋은 글 올립니다.

『밀물을 기다리는 배』 앤드루 카네기는 스코틀랜드 던펌린의 가난한 집안에서 태어나 14세에 가족들과 함께 미국으로 이주해 왔습니다. 학교 공부라고는 4년 간 받은 것이 전부였던 그는 젊은 시절 집집마다 돌아다니며 방문판매를 하고 있었습니다. 어느 날 한 노인이 집을 방문하였는데 그 집을 들어서자마자 그를 완전히 압도해 버린 것은 벽 한가운데 걸린 그림이었습니다. 특별히 유명한 화가가 그린 그림도 아니고 오래된 골동품 그림도 아니었습니다. 그렇다고 화려함과 아름다움으로 감동을 주는 그림도 아니었습니다. 썰물로 바닥이 드러난 쓸쓸한 해변에 초라한 나룻배 한 척이 쓰러질 듯 놓여있는 모습이 그려진 그림은 어딘지 우울한 기분마저 느끼게 하는 그림이었습니다. 그런데 그 그림 밑에는 이렇게 쓰여 있었습니다.

“반드시 밀물 때는 온다. 바로 그날, 나는 바다로 나갈 것이다. (The high tide will come.On that day,)”

(2025.01.08.)

감사합니다. 건강하게 출발하는 새날입니다. 모두가 희망으로 가득합니다. 행복이란 마음먹기에 달렸습니다. 웃음으로 출발하면 웃을 일들만 기다립니다.

(2025.01.10.)

감사합니다. 오늘 우리의 대명절 설입니다. 조상님들께 감사하는 마음으로 차례 지내고 가족들과 덕담 나누며 건강하게 즐거운 시간을 가집니다. 명절엔 더더욱 우리의 삶이 감사함으로 연결되어 있음을 생각합니다. 음력 초하루라 건강한 희망을 다져야합니다. 가족과 함께 복 많이 받으십시오.

(2025.01.29.)

10일 오전 8시 감사합니다. 건강한 심신으로 출발합니다. 얼마나 감사한 일입니까? 환한 웃음으로 출발합니다. 얼마나 감사한 일입니까? 이것이 행복입니다. 건강하십시오. 신명나는 좋은 시간 되십시오.

(2025.02.18.)

감사합니다. 우리 인간은 한치 앞을 보지 못하면서 어느 땐 우쭐대고 큰소리치곤 합니다. 정말 불완전한 존재가 우리 인간들입니다. 권력. 재물. 명예욕에 함몰되어 있습니다. 하지만 그것이 우리 인간의 한계라고 봅니다. 그런 본질적인 것은 어느 누구라도 다 가지고 있습니다. 권력. 재물. 명예욕을 가지되 서로에게 감사하는 것은 잊지 말아야 합니다. 감사하면 순화된다고 봅니다. 감사함이 함께하는 생활이 되길 다짐해봅니다.

(2025.04.05.)

감사합니다. 오늘 어버이날. 아버지 어머니께 무한 감사를 드려야 합니다. 부모님의 자식사랑은 헤아릴 수 없는 숭고한 사랑입니다. 오늘이라도 깊은 사랑을 느꼈으면 합니다. 모두가 부모님 사랑을 생각하고 효를 실천하면 이 사회도 평온해집니다. 부모님 감사합니다.

(2025.05.08.)

감사합니다. 함박웃음꽃이 핍니다. 세상에서 가장 아름다운 꽃이 웃음꽃입니다. 가장 귀한 것이 건강 입니다. 가장 소중한 것은 자기 자신입니다. 건강하게 웃을 수 있으면 행운입니다.

(2025.07.05.)

감사합니다. 감사하면 모든 것이 아름답게 보이고 좋은 일들이 주렁주렁 달려옵니다. 행복은 현재 상황에 만족하는 것입니다. 결실의 계절에 감사하고 만족하는 보람된 일상이길 바랍니다.

(2025.09.27.)

고향이 아름다운 하동이라 감사합니다. 부모님께 무한 감사드립니다. 가족.친지들께 감사드립니다

건강하게 출벌함이 축복입니다. 새날은 신나게 출발합니다. 건강하게 신나게 출발함이 행운입니다. 희망이 함께함이 축복입니다. 건강, 행운, 희망이 행복한 마음을 만듭니다.

(2025.10.2.)

건강하게 출발합니다. 활짝 웃으며 출발합니다. 행운이 충만하게 출발합니다. 모든 일이 술술 풀립니다. 모든 것에 감사드립니다.

(2025.10.19.)

2부

농어촌복지운동 1

농촌. 농업

우리 농촌 생활이 나아졌습니까? 우리의 농업이 생명산업으로서의 대접을 받고 있습니까? 아닙니다. 거꾸로만 가는 것 같습니다.

새롭게 예측되고 진행 중인 식량위기 속에서 식량인 농산물을 공공재로 보고 식량을 공급하는 농업의 지속성을 높여 낼 수 있도록 국가의 책임성을 강화시켜 나가는 것을 농정대전환의 목표로 삼아야 합니다. 이것이 국민들에게 식량공급과 농업의 지속성을 강화시켜야 할 의무를 가진 국가의 역할입니다. 식량을 공공재로 보는 것은 공감하고 있는데 그실행을 제대로 하지 못하고 있습니다. 경제적 효율성만 외치는 농정으로서는 농촌, 농업의 발전을 기대하기 어렵습니다. 농촌이 유지 발전되고 농촌의 삶의 질이 높아지는 것이 건실한 선진 대한민국이 되는 첫걸음임을 알고 실천하는 국가적 지도자의 출현을 바라는 한해가 되어야 하겠습니다.

(2021.01.22.)

어느농업인의 한숨섞인 얘기입니다. 생명산업인 농업을 중시하는 마음이 우리 모두에게 있어야 되는데, 농촌이 제대로 지속발전되어야 하는데...안타까움을 느낄 수 있는 대목입니다. 언젠가 머지않은 장래에 '다시 농업', '다시 농촌'이 도래할 것입니다. 묵묵히 일하고 계시는 농업인들께 행복을 기원드립니다.

농민은 늙어가고, 종자는 다국적 기업의 소유가 되고, 농지마저 투기의 한복판에서 사라져가고 있습니다.

산을 떠옮겨 논을 메우는 작업이 마을 구석구석에서 한창입니다.

국민농업, 우리 국민들에게 농업은 어떤 존재일까요. 적어도 한 세대 전, 농사꾼 부모들의 피땀으로 도시로 옮겨온 이들에게 농업은 그래도 고생하는 농민들이 사는 곳이고, 이들이 생산한 농산물은 소중하다는 공감대 정도는 있었던 것 같습니다. 하지만 농업인구가 국민의 5% 아래로 내려간 지가 오래된 지금, 도시에서 나고 자란 대부분의 세대들에겐 어떻게 설명해야 할까요.

(2021.02.24.)

봄비 온 뒤 산책길에 물앵두꽃을 비롯한 봄꽃들의 향연이 시작되었습니다.

각종 작물도 생기를 잔뜩 품고 있습니다.

나도 덩달아 희망과 기쁨이 가득차오릅니다.

대중가요 '앵두나무처녀'가 떠올라 흥얼거리며 걷습니다.

"앵두나무 우물가에 동네처녀 바람났네. 물동이 호미자루 나도몰래 내던지고…" 이뿐이, 금순이, 복돌이, 삼용이 바람이 나서 서울로 도망가는 내용의 노래지요. 그때부터 농촌은 떠나가는 곳이 되었지요. 낭만도 사라지고 있습니다.

사람냄새가 물씬 풍기던 고향 농촌이 생기를 잃고 있습니다.

다시 복원이 된다면 훨씬 사람다운 삶이 될텐데

(2021.3.13.)

비온뒤 숲길을 걷다 보니 "동창이 밝았느냐, 노고지리 우지진다"는 시조가 생각납니다.

숙종때 영의정을 지내신 남구만 선생께서 지으셨습니다. 봄을 맞아 농촌의 생동하는 평화롭고 아름다운 풍경과 농사일을 준비하는 농업인들의 모습이 그려지는 시조입니다.

“동창이 밝았느냐 노고 지리 우지진다.
소치는 아이는 상기 아니 일었느냐
재 너머 사래 긴 밭을 언제 갈려 하나니”

그런데 우리의 지금 농촌현실은 평화롭지 못합니다. 시조처럼 농촌이 평화로운 아름다움을 노래할 수 있는 날을 기다립니다.

(2021. 3.5)

고향세

고향세가 왜 필요할까요?

농촌지역에 해당하는 도 단위의 재정자립도는 40%를 넘는 곳이 없고, 군단위는 한자리에 불과한 경우도 많습니다. 한국고용정보원에서 발표한 '지방소멸지수 2019'에 따르면 전국 228개 시·군·구 중 소멸 위험지역은 97곳에 달한다고 합니다. 이렇게 급속한 인구감소, 고령화의 급속한 진행과 수도권 중심의 인구, 일자리 집중은 지역의 정주여건 및 삶의 질 악화로 이어지고 있습니다.

실제로 한국경제연구원의 설문조사 결과, 지방민의 60.6%는 본인 거주지역이 소멸될 것이라고 생각하고 있다는 것입니다..이 같은 지자체의 재정난을 점진적으로 타개할 수 있는 방안 중의 하나가 고향사랑 기부제, 즉 고향세 제도입니다..

고향세 제도는 인구 감소 등으로 재정난을 겪거나 일시적인 재해로 어려움을 겪는 고향에 개인이 기부하고 금액 일부 또는 전액을 세액공제 형태로 돌려받는 세제혜택 제도입니다.기부금을 받은 자치단체에선 답례로 지역 특산물을 제공함으로써 농업인에게 실익을 가져다 줄 수도 있습니다.

우리보다 먼저 지방의 인구소멸을 겪은 일본은 고향세가 지방을 다시 살릴 효과적인 방안이라는 것을 보여주고 있습니다.일본은 2008년 고향세(후루사토세)를 도입했습니다. 일본은 세계에서 가장 고령화율이 심한 국가로 출산율 또한 하위권입니다. 심각한 저출산, 고령화, 수도권의 인구 집중현상은 우리나라와 너무도 유사합니다.고향세 시행 초기에는 성과가 미미하였으나 적극적인 편의 제공과 제도를 보완한 결과 2008년 도입당시 81억엔이던 납세액이

2018년에는 5천127억엔으로 늘어났다고합니다.

지자체에의 기부는 쇠락해 가던 지역에 새로운 활력을 불어넣고 있습니다. 기부금 재원을 통해 인재양성사업을 비롯해 의료, 복지서비스를 강화하고 다양한 일자리 창출사업을 추진하면서 지역이 살아나고, 지역농특산물 제공으로 농어가 경제를 활성화하는데 일조를 하고 있다는 것입니다. 이러한 고향세법의 순기능에도 불구하고 우리나라 고향세법은 2007년부터 본격적인 논의가 시작됐지만 아직 국회의 최종 문턱을 넘지 못한 채 계류되어 있습니다.

국가의 근간이 되는 지방자치단체가 인구감소와 재정난에 지속적으로 방치된다면 국가존립이 위태로울 수 있습니다. 고향세법은 농어촌 지역만이 아니라 지방재정의 건전화와 지방분권 촉진, 균형발정을 통한 국가경쟁력 강화를 위한 미룰 수 없는 국가 생존의 문제입니다.이러한 현실을 감안할 때 고향세법의 도입은 지방 재정악화와 인구감소의 더블쇼크를 치료할 백신과도 같은 해결 방안입니다. 이번 21대 국회에서 골든 타임을 놓치지 말고 고향세법의 조속한 통과를 기대해 봅니다.

선진 대한민국을 가로막는 국회가 되지않기를 촉구합니다.

(2021.03.23.)

동북공정-김치공정

김치는 우리 식탁에서 뺄 수 없는 반찬 1호입니다. 그런데 중국의 '김치공정'이 우리 국민들의 심기를 건드리고 있습니다. 지난해 11월 중국이 자국의 절임채소 '파오차이(泡菜)'를 국제표준화기구(ISO) 규격에 등재한 걸 계기로 중국 관영매체와 고위공무원, 민간 누리꾼, 유튜버들이 일제히 "김치는 중국 것"을 외치고 있습니다.

'동북공정'이란 명칭으로 우리나라를 자신들의 속국으로 편입할려는 잘못된 인식 하고 있습니다. 중국 내에서 김치를 유통할 땐 규정상 한국산 김치조차 반드시 파오차이라는 이름표를 달아야 한다고 합니다. 김치와 파오차이는 본질부터 다른 음식입니다.. 파오차이는 끓인 물에 조미료·향신료를 넣고 채소를 담아 단순히 절이는 데서 그치지만, 김치는 배추를 소금에 절인 후 고추·마늘·생강·파·젓갈 등으로 양념하고 이들 양념을 통해 '발효'과정을 거치는 차원이 다른 음식입니다.

중국이 김치의 단위당 세균 허용 수를 멸균식품인 파오차이 수준으로 설정하는 바람에 2011~2015년 한국김치의 대중국 수출이 막혔던 사례는 발효식품인 김치에 대한 중국의 몰이해를 단적으로 보여주고 있습니다.우리나라는 이미 2001년에 ISO보다 까다롭고 공신력 있는 국제식품규격위원회(Codex)에 'Kimchi'라는 우리 이름으로 김치 세계규격을 등재했습다. 결정적으로 중국이 ISO에 등재한 파오차이 규격에도 "This document does not apply to kimchi(이 문서는 김치엔 적용되지 않는다)"라는 단서조항이 명기돼 있습니다.

국제적으로는 확실히 한국의 김치와 중국의 파오차이가 구분되고 있다는 뜻입니다. 하지만 14억 인구를 가진 중국이 조직적으로 사실을 호도하고 있는 국면은 분명 부담스럽습니다. 종주국이라는 자부심에 취해 손을 놓고 있다가는 어느 순간 어처구니 없게 종주국 타이틀을 뺏기지 않으리란 보장이 없습니다.

이번 사태를 '동북공정'에 빗대 '김치공정'이라 이름 붙이는 이유입니다. 사실 지금도 김치 종주국이라는 이름은 그 알맹이가 야금야금 사라져가고 있습니다. 한-중 FTA 체결 이후 우리나라의 중국산 김치 수입은 폭발적으로 증가, 이제는 연간 200만톤 소비량 중 30만톤을 중국에 의존하고 있습니다. 자가 제조를 제외한 상품김치로 치면 절반이 중국산이며, 특히 식당에서 구입하는 상품김치는 90% 가까이가 중국산이라는 것입니다.(세계김치연구소 추정). 우리 국민도 문제지만, 한국에 관광오는 외국인들이 먹는 김치는 대부분이 중국산인 것이라고 볼 수 있습니다.

김치 수입은 무엇보다 농민들에게 직격탄이 되고 있습니다. 김치 10kg을 만드는 데는 20kg 이상의 배추와 2kg가량의 고춧가루·마늘·생강·쪽파·무 등 각종 농산물이 들어갑니다. 김치 수입이 늘어날수록 그 원료 농산물들이 폭락을 맞을 수밖에 없고 이는 모든 피해로 이어집니다. 최근 한층 빈도가 잦아진 채소류 연쇄폭락에 30만톤까지 불어난 중국산 김치의 영향이 결코 작다고 할 수 없습니다. 중국산 김치는 일반적으로 멀건 색감과 무른 식감에 푸른잎이 없고 양념이 겉도는 특징이 있습니다. 최근엔 '알몸 포클레인 김치'로 대표되는 중국산 김치 위생 논란이 대두, 국민건강을 직접 위협하는 문제로 떠올랐습니다. 김치공정, 농산물 폭락, 국민건강 위협. 그 하찮았던 중국산 김치가 우리나라의 문화·경제·보건을 한꺼번에 공격하는 무서운 적으로 다가오고 있습니다. 그동안 관계기관에서 안일하게 대응했던 김치주권, 김치자급 문제를 이제는 범정부 차원에서 검토하고 대응해야 합니다 (2021.04.14.)

농업인 조건

각종 농업정책의 수혜 대상이 되는 '농업인' 기준을 재정비하자는 목소리가 높아지고 있습니다. 법률로 정한 농업인 조건이 느슨해 누구나 쉽게 농업인이 될 수 있다보니 정책 추진이나 예산 집행의 효율성이 떨어진다는 이유에서입니다.

한편으론 청년농·귀농인 등이 농업인 자격을 인정받으려 해도 농지를 매입하거나 정식으로 임차하지 못한 경우 법적 요건을 충족하지 못해 어려움을 겪는 사례도 발생하고 있습니다.

현행 '농업·농촌 및 식품산업 기본법'은 농업인의 기준으로

▲1000㎡(303평) 이상의 농지를 경영하거나 경작

▲농업경영을 통한 농산물 판매액이 연간 120만원 이상

▲1년 중 90일 이상 농업에 종사

▲영농조합법인의 농산물 출하·유통·가공·수출 활동에 1년 이상 계속 고용

▲농업회사법인의 농산물 유통·가공·판매 활동에 1년 이상 계속 고용 등 다섯가지 항목을 제시하고 있습니다. 이 가운데 하나의 요건만 충족해도 법적으로 농업인 지위를 인정받을 수 있는 셈입니다.

농사를 업으로 삼는 농가 입장에서 이런 농업인 기준은 현실과 거리가 있습니다. 도시민들도 큰 제한 없이 농지취득자격증명(농취증)을 발급받아 1000㎡ 규모의 농지만 소유하면 농업인 자격을 얻고 공익직불금이나 농업보조사업 등의 혜택을 누릴 수 있기 때문입니다. 농산물 판매액이나 영농 종사일수 조건은 실제 확인하기가 애매해 마을 이장 등이 임의로 판단할 여지가 크다는 문제도 제기되고 있습니다. 특히 부업농, 위탁영농, 출퇴근 농사 등 농업경영 방식이 다

양하게 분화하면서 기존의 농업인 정의로 포괄할 수 없는 생산 주체가 느는 추세이기도 해서 농업인의 기준을 재정비해야 함은 당연한 것 같습니다. 농촌.농업발전에 기여하고 농업을 생명산업으로 여기고 오로지 농업이나 농업관련 일을 하는 사람들이 농업인으로서 제대로 대접을 받고 농업정책의 수혜자가 되도록 해주길 기대해봅니다 (2021.05.12.)

식량 주권 1

우리의 식량주권은 지켜지고 거기에 대한 대책은 있습니까? 지금 우리가 배부르게 살고 있다는 착각속에 안주하고 있는 사이에 식량 위기의 전조가 나타나고 있습니다.

지금 세계식량가격 상승이 위험한 수준입니다. 지금 지속되고 있는 식량가격 상승 추세는 결코 가벼이 여길 일이 아닙니다. 이상기후 위기설이 현실화되고 코로나19 상황이 장기화되는 등 식량 생산과 공급은 어려운 환경이 가속되고 있습니다.. 하지만 우리 정부가 세계 식량위기 상황을 위기로 인식하며 대비하고 있는지는 의문입니다.

사료용 곡물을 포함한 곡물자급율은 25%에 못미칩니다. 곡물의 75% 이상을 수입하는 수입 국가로 식량주권이 없는 나라입니다. 세계식량가격의 상승을 단순히 물가상승 문제로 보고 장바구니의 안정화 측면에서 접근한다면 정작 중요한 부분은 놓쳐 버리게 됩니다. 위기 상황 속에서도 이득을 목적으로 어김없이 등장하는 것이 바로 자본이고 그 자본은 위기를 기회로 만들어 몸집을 키우고 있습니다.

전 세계 수많은 사람이 여전히 기아로 고통받고 있고 코로나19 감염증 확산세에 굶주림으로 고통받는 숫자는 더욱 늘어나고 있습니다. 식량 가격이 오르면 식량에 접근할 수 있는 기회는 더욱 줄어들게 되고 이는 전염병에 대응할 능력조차 상실됩니다. 세계식량가격의 상승을 우리가 아직 체감하지 못한다 하더라도 어느 순간 위기 상황으로 치달을 수 있다는 것에 경계를 늦추지 말아야 합니다.

코로나19가 여전히 전 세계에 큰 영향을 미치고 있는 상황 속에 인간 생존에 가장 근본이 되는 식량부족 문제까지 발생한다면 혼란은

걷잡을 수 없을 정도로 커질 것입니다. 이상기후가 지속된다면 현재 보유하고 있는 식량 재고는 바닥을 드러낼 수밖에 없습니다.

이미 우리나라도 지난해 여러가지 농업재해로 다양한 농작물 피해가 발생했고 최악의 쌀 흉년 상황을 겪었습니다. 지난 몇 년간 정부의 쌀 생산량 감소정책으로 쌀 생산량은 인위적으로 감소됐습니다. 그런데 흉년으로 쌀이 부족한 상황에 놓이게 됐고 주식인 쌀만은 자급하고 있다는 자신감도 사라졌습니다.

식량주권의 중요성, 농지 보존의 필요성, 이것은 단지 농민과 농업의 문제만이 아닙니다. 국가의 기본 안보와도 밀접하게 연관돼있는 문제고 국민의 생존권과도 직결되는 기본 중 기본입니다. 하지만 정부의 여러 고민 속에 식량주권에 대한 고려는 없는 듯합니다. 정부가 계획한 식량자급률 목표치를 달성하기 위해서는 적정 규모의 농지가 유지돼야 하지만 그 적정 규모는 이미 무너졌습니다.

농지가 없는데 어디에서 식량을 생산할 것이며. 농민이 없는데 누가 식량을 생산할 것입니까?. 가장 근본적인 문제에 대해 진정으로 고민하고 있다면 지금과 같은 농촌 파괴, 농업 무시 정책은 나오지 않았을 것입니다. 농지를 빼앗겨 버린 농민이 도시의 빈민으로 내몰리고, 한 줄기 희망마저도 사라진 농업 현장에 더이상 청년이 함께 하지 않는다면 이보다 더 큰 위기는 없습니다. 식량문제는 당장 눈앞에 닥쳤을 때 해결할 수 있는 차원이 아닙니다. 항시 준비하고 대비해 나가야 식량주권을 지킬 수 있습니다.

식량주권 반드시 지켜야합니다. 농업.농촌의 홀대정책 멈춰야합니다.

(2021.5. 16)

식량은 생명유지를 위해 필수적인 것입니다. 고로 식품의 안전은 필수적인 것입니다. 이상 기후와 질병의 세계적 대유행으로 전대미

문의 위기를 겪고 있습니다. 이에 안전하고 영양가 있는 식품을 섭취해야한다는 것은 어무나 당연하고 국가는 식품안전을 위해 최선의 노력을 해야합니다. 안전하지 못한 오염된 식품의 섭취로 병에 걸리는 인구가 세계적으로 년간 6억명에 달하며 그중 42만명이 사망에 이른다는 것입니다. 코로나19나 이상기후 등의 위기로 식품안전성이 위협받고 있는 상황이라 국가적 차원의 노력이 절실함은 재론의 여지가 없습니다. 안전하고 품질좋은 농산물의 최대생산국 선진대한민국임을 자랑할 수 있도록 관계기관의 적극적인 노력을 기대합니다.

(2021. 07.15)

농촌 농업 보호

우리 대한민국은 대단한 나라입니다. 가장 우리나라를 혐오하고 비판하는 사람이 바로 우리 자신이라는 사실에 놀랍니다. 좋은 것은 말하지 않고 나쁜 것만 나열하는 자책은 위험하다고 봅니다.

한반도의 반쪽 인구 5천 만인 대한민국이 세계 10위권의 경제대국임을 자랑해야 합니다..

세계인들이 부러워하는 부지런한 국민이 바로 우리 자신입니다.

세종대왕같은 위대한 지도자도 있었습니다.

이순신같은 충신도 있었습니다.

나라사랑으로 가족도 버리고 오직 나라의 독립을 외치며 나라사랑을 행동으로 보여준 순국선열분들도 있었습니다.

지금 이시간 이땅에서 열심히 일하는 국민이 대부분입니다.

우리 민족의 발자취는 위대합니다.

우리 대한민국도 대단한 나라가 되었습니다.

내가 불만인 것은 농촌.농업을 홀대하는 것입니다.

가까운 미래에 이것도 자동적으로 해소되리라 봅니다.

선진 대한민국은 농촌.농업발전이 견인해야 합니다.

(2021.07.30.)

우리의 주식은 쌀입니다. 쌀농사는 풍년이어야합니다.

우리의 주식은 100% 자급자족이 되어야 합니다. 그리고 우리의 후세에게도 쌀의 소중함. 밥심의 가치를 일깨워주어야 합니다.

밥보다 빵을 찾는 젊은이들께 밥의 당위성을 일깨워주어야 합니다.

쌀은 자급자족이 가능하지만 밀은 거의 수입에 의존한다는 사실도 가르쳐주어야 합니다.

쌀은 영원히 우리와 함께할 주식입니다

농업을 보호하면서 생산성의 지속적인 유지와 식품의 안정성 확보가 가능하도록 하는 것입니다. 농업이야말도 자연을 지키고 우리의 건강을 지키는 생명 산업임을 더욱 절실하게 느끼게 하는 '생명농업'입니다.

(2021.08.10.)

기후 위기

기후위기, 코로나19등 우리가 살아가는데 주위 환경의 변화로 '생태농업'의 중요성이 대두되고 있습니다. 일반적으로는 생소한 용어이지만 자연환경, 친환경농업등의 용어와 함께 자리매김하고 있습니다. 생태농업은 자연의 다양성(종자와 식물의 다양성, 수분(受粉)이나 해충을 제거하는 곤충의 다양성, 작물재배와 축산의 순환농업)에 기초하여 식량을 생산하는 농업 방식을 말합니다. 즉, 농업의 생태적 과정을 이해하고 응용함으로써 과도한 물질 및 에너지 투입을 방지하고 주변 자연 생태계와의 조화를 통하여 농업 생태계 자체와 주변 환경을 보호하면서 생산성의 지속적인 유지와 식품의 안정성 확보가 가능하도록 하는 것입니다. 농업이야말도 자연을 지키고 우리의 건강을 지키는 생명산업임을 더욱 절실하게 느끼게 하는 '생명농업'입니다.

(2021.08.10.)

농민권리선언은 2001년 비아캄페시나(La Via Campesina) 국제농민운동조직으로부터 제안되었습니다. 1993년 창립된 전 세계 소농들의 국제연합조직 비아캄페시나는 WTO 중심으로 농업의 국제무역이 확산되고 신자유주의 경제 체계로 기업들의 농자재 및 농업과 먹거리의 통제가 심화됨으로써 농민의 권리는 물론이고 농민의 생존권이 위협받게 되자 농업개혁과 농민의 생존권 보장, 농민의 권리를 보호하기 위한 대안을 찾게 되었습니다. 세계화된 먹거리 체계를 한 국가의 정부 정책만으로 막아내기에는 한계가 있음을 인식하게 되었고 이를 해결하기 위한 국제사회의 법 및 규범, 질서를 새로 만들어

낼 필요성을 논의하게 되었습니다. 이 선언을 이끌어낸 주요인사는 "이 선언은 농촌 지역의 농민과 노동자들의 권리를 보장하고 실현시킴에 있어 중요한 도구다. 모든 국가가 농민과 농촌 공동체에 토지, 농민의 종자, 수자원 및 기타 천연 자원에 대한 접근과 통제를 보장하면서 양심적이고 투명한 방식으로 선언을 이행 할 것을 촉구하는 바이다. 농민으로서 우리가 식량주권을 실현시키기 위해 우리의 가치와 사회에서의 역할에 대한 보호와 존중이 필요하다."고 했습니다.

우리 인간의 본향인 흙에서 유를 창조해 내는 농업인들에 대한 홀대는 세계적인 추세인가 봅니다.

묵묵히 생명산업을 지키는 농업인들의 보호받고 신장시켜주어야 함은 당연한 일입니다.

요즈음 논의 되는 '생명농업'이 기후위기에 대처하고 쾌적한 환경조성에 최일선의 역할을 해야하기에 농업, 농촌, 농민의 중요성은 높이 평가되고 보호받아야 합니다.

(2021.08.31.)

지방 소멸

'지방소멸'이라는 말을 들을 때마다 우리사회가 전반적으로 붕괴될 수 있다는 위기감을 느낍니다.

몇 해 전부터 언급된 지방소멸은 사회·경제적 요소가 얽혀 만들어진 결과입니다. 살고 있는 마을의 인구가 점점 줄어 사라질지도 모른다는 것은 너무나 슬픈 일입니다. 국토 균형발전을 제대로 하지 못한 정부 전략의 실패는 인구의 양극화, 소득의 양극화, 생활환경의 양극화 등 끊임없는 불평등을 양상해 내고 있습니다.

도시에 비해 농촌은 일자리, 여러 가지 사회 서비스가 열악합니다. 사람이 살아가는 데 필수적으로 누려야 하는 사회 서비스가 열악한 지역은 인구가 줄고 그로 인해 보완돼야 하는 사회 서비스의 제공 또한 더 열악해집니다. 지역에서 살아가는 사람들이 겪는 불평등은 교육, 복지, 의료 등에서 심각합니다. 소멸지수가 높게 나온 대부분 농촌지역은 제각기 인구 유입을 위한 대책을 마련하기 위해 분주하지만 단편적인 지원만으로는 한계가 있습니다.

우리나라는 서울공화국이라 불릴 만큼 수많은 정책이 서울을 중심으로 형성돼 있습니다. 통상 서울, 경기, 인천을 수도권이라 부르고 나머지 지역은 비수도권으로 분류하는데 많은 것이 수도권 중심으로 편성돼 있다는 것은 인구수, 인구 구성에서부터 알 수 있습니다. 이제는 총 인구수의 절반이 넘는 국민이 대한민국 전체 면적의 11.8%인 수도권에 거주하며 수도권 중심의 경향은 멈출기미는 커녕 더 심해지고 있습니다.

더 들여다보면 읍과 동으로 구성된 도시지역과 면인 농촌지역의 양극화도 심각합니다. 전국 전체인구의 91.2%가 도시지역에 거주하고 있는데 도시지역에 거주하는 인구의 비중은 줄어들기는커녕 시간이 갈수록 더 늘어나고 있습니다. 양극화를 이야기할 때 대표적으로 언급해 볼 수 있는 것이 소득인데 가구소득에서도 비수도권 가구소득은 수도권의 83% 수준이라고 하는데 실제로는 더 심하다고 봅니다.

가구의 부의 정도를 파악할 수 있는 자산규모는 63%에 불과하고 전체 의료 인력의 절반이 수도권에 집중돼 있습니다. 중소도시·농어촌에 적절한 의료서비스가 제대로 보장되지 않는 것은 삶의 질을 크게 저하시키고 수도권으로 쏠리게 하는 현상을 심화시키고 있습니다. 떠난 사람들이 남긴 쓸쓸한 빈집은 남겨진 사람들의 정주 여건을 해치는 요인이 되기도 합니다.

수도권과 비수도권, 도시지역과 농촌지역에서 볼 수 있는 격차는 단기간에 해결할 수 있는 문제가 아닙니다. 건강하고 안정된 삶을 영위하기 위해 필요한 정책은 거창한 것이 아니라 살아가면서 겪는 사소한 일상의 일들에서 파생됩니다. 산업화가 진행된 과정 속에서 꾸준히 진행돼왔던 농업의 쇠퇴와 농촌의 붕괴는 획기적이고 혁명적인 발상의 전환으로 농업의 부흥으로 해결해 나가야 합니다.

지역양극화를 파악할 수 있는 지표를 다양하게 발굴해 내는 작업도 필요합니다. 문제를 해결하기 위한 방향으로 지표를 발굴해 지역양극화 해소 방안을 마련해야 합니다. 지역 농.어업인들은 그 어느 전문가집단보다 더 값진 대안들을 생산해 낼 수 있는 주체입니다. 현장에 답이 있다는 의미를 다시금 되새기며 농촌지역의 지속가능성을 찾아 발전시켜 나가야 합니다.

(2021. 09.11)

농촌, 농업 살리기

농촌, 농업을 살리는 길이 기후위기에 대처하고, 농업이 미래의 성장동력산업으로 발돋음하는 길인데 여전히 정부는 농촌, 농업홀대로 일관되어 안타깝습니다. 정부의 의지는 예산으로 가늠할 수 있습니다. 내년도 예산편성을 보면 12개 분야 중 농림·수산·식품 분야 예산보다 증가율이 낮은 분야는 공공질서·안전, 단 한 분야뿐입니다. 정부 예산 증가율만큼이라도 농업예산이 증가한다면 농업을 회생시키는데 필요한 중요한 정책들부터 우선적으로 시도해 볼 수 있습니다.

농촌,농업에 희망을 만들어 주어야합니다. 젊은 농군들이 희망을 가질 수 있게 해주는 것이 제일 중요합니다. 사람을 키우기 위한 투자가 절대적으로 필요합니다. 농업에 종사하면서 농촌에서 삶을 살아가고자 하는 사람들이 그 가치를 더욱 실현해 낼 수 있게 환경을 마련해 나가는 투자가 필요합니다. 뜻있는 청년들이 아무리 농촌에 돌아와 농사를 지으며 살아가고자 해도 이를 정부 정책으로 뒷받침해주지 않으면 지속가능할 수 없는 것이 현재의 농업 현실입니다.

지난 30여년간 휘몰아쳤던 농축산물 수입 개방화의 물결 속에서 농업·농민은 빈사상태에 내몰렸습니다. 정부 정책의 결과로 남겨진 것은 소수의 부농과 대다수의 영세소농, 소수의 젊은이와 대다수의 고령농입니다. 농업이 처해 있는 복합적인 어려움은 농가 개별주체가 해결해 나갈 수 있는 성질의 것이 아닙니다. 공공성 강화를 통해 농업인을 살리고 키우는 방향의 전환이 절대 필요합니다.

앞으로 정부 정책의 방향에 따라 농업이 이대로 무너지느냐 희망의 불씨를 되살릴 수 있느냐를 가늠해 볼 수 있습니다. 국민들의 먹거리를 생산하고 다양한 공익적 가치를 수행하는 농업이 더욱 그 기능을 증진해 나가도록 정부가 앞장서서 이끌어야 가야합니다. 탄소중립의 시대를 만들어나가기 위해 농업이 수행해야 하는 역할은 무엇보다 중요합니다. 또한 지역의 균형발전은 농업의 부흥, 농업인의 육성 없이는 결코 이뤄낼 수 없는 목표라는 것을 알아야 합니다. 더 멀리 보고 깊게 생각하면 농촌, 농업에 대한 투자가 얼마나 큰 가치를 창출할 지 알아야 합니다.

농촌이 살아야 건실한 선진대한민국이 됨을 알아야 합니다.

정부의 자성을 촉구합니다.

(2021. 09.12)

곡물 자급률

우리네 겨울 들판이 파랗게 물들었으면 합니다. 벼가 없어진 들판에 보리, 밀이 파랗게 심어져 새로운 풍경으로 변모되었으면 합니다. 특히 밀생산에 관심을 가져야 되는 시점이라 더욱더 그렇습니다. 이젠 쌀대신 밀의 소비량이 증가하고 있기 때문입니다.

밀 년간소비량은 209만톤인데 생산량은 3만톤으로 자급률 1.4% 불과한 실정입니다. 올해 밀 자급률이 1.4%에 불과하는 등 국내 식량자급 상황이 총체적 난국에 빠진 것으로 나타나고 있습니다.

'2021년 국가식량계획, 밀 자급 추진 현황'에 따르면 밀 자급률을 2020년 0.8% 수준에서 오는 2025년까지 5.0%까지 끌어 올리는 것을 목표로 하고 있다고 하지만, 용두사미로 그칠 가능성이 높습니다.

겨울 들판의 푸르름을 밀로서 가득 채우는 꿈을 실현한다면 우리의 곡물 자급률도 훨씬 높아지리라 확신합니다.

최근 잠정 집계 결과에 따르면 2020년 사료용 수요까지 감안한 곡물 자급률은 20.2%로, 지난 2019년 21.0%보다 0.8%p 하락했다.

2019년의 곡물 자급률이 농식품부가 2007년 식량 및 곡물 자급률 목표를 처음 설정한 이래 가장 낮은 수치였기 때문에 역대 최저 기록을 다시 한번 갈아치운 셈이다.

이젠 밀을 비롯한 곡물생산에 주력해서 곡물 자급률을 높혀가야 합니다. 단순한 문제가 아닌 식량안보 차원의 접근이 필요하다는 것입니다.

(2021. 11.29)

농촌 농업관련한 문제

2021년의 마지막날입니다. 지난 한 해 우리모두가 힘들게 견뎌왔습니다. 코로나와 치열하게 싸워왔다고 말할 수 있습니다.

우리의 생명산업인 농업은 어떻습니까? 우리의 소중한 농업인들께선 타 선업에 종사하는 분들보다 훨씬 어려운 시간을 보냈습니다.

농업인 요구사항이나 농촌 농업관련한 문제를 나열해 보면 (△쌀 시장 격리 즉각 시행 △농업·농촌 공공성 강화 △먹거리 기본법 제정 등 전반적으로 국가 책임성이 강화된 농업·먹거리정책, 농업·농촌 대전환과 기후위기, 식량위기 극복을 위해 △공익형 직불제 강화 △쌀·콩·밀 등의 자급목표 설정 △농지 전수조사 및 불법농지 강세 매각처분 ,농어촌 기본소득, 마을공동체 재생에너지, 마을 주치의 진료 등 농촌 사회서비스 강화, GMO 표시제 강화 생태전환을 중시, 스마트팜 혁신밸리를 통한 청년농 육성사업을 중지, 기후위기에 따른 각종 재난 상황에 대한 농업재해보상법 추진, 코로나 상생지원금 지원 등을 추진,농촌인력과 마을공동체, 청년농을 통합 육성·지원하는 특별법 제정, 농작물재해보험은 현장 요구에 맞게 재설계, 재생에너지 확충문제도 지역민이 주체가 되는 사업만이 가능하도록 신재생에너지 정책을 수립) 등 나열하기 힘들 정도입니다.

저는 무었보다도 농촌, 농업에대한 인식전환이 필요하다고 봅니다. 경제논리로 식량도 수입해 먹이면 된다는 신자유주의적 사고에서 벗어나야만 하는 것입니다. 농촌, 농업이 발전하고 지속가능해야 건실한 선진대한민국이 된다는 것을 거듭 강조합니다.

(2021.12.31.)

식량 주권 2

우리의 식량주권은 농촌.농업인이 지킵니다. 그런데 농촌. 농업인은 너무 힘듭니다.

본격 농번기를 맞아 바쁜 시기에 함께 일할 사람이 없다는 것도 문제지만 일할 사람을 구해도 감당하기 어렵게 상승한 인건비가 가로막습니다. 지난 2년 동안 입국하지 못했던 외국인 계절근로자가 4월 들어 입국을 시작하면서 지난해와 같은 최악의 상황은 어쩌면 면할 수 있을지 모르겠지만 누적된 피해가 심각합니다.

요소수 대란, 우크라이나 전쟁 등으로 필수 농자재 값은 급등해 생산비는 하늘 높은 줄 모르고 치솟고 있습니다.. 국제 곡물가는 상승하고 실제 수입 농산물의 가격상승은 소비자물가 상승을 불러왔지만 여전히 정부는 포괄적·점진적 환태평양경제동반자협정(CPTPP)이라는 더 거대한 수입개방을 추진하고 있습니다.

OECD 회원국 중에서도 가장 최하위 곡물자급률을 자랑하던 한국은 더이상 떨어질 곳도 없던 자급률이 더욱 더 하락했고 결국에는 20%대가 무너졌습니다. 곡물자급률 19.3%를 기록해서 이제야 농업, 식량의 문제가 시급하다는 인식을 하게 된 것입니다. 하지만 문제의 해결방향으로 제시한 것은 자국 농업의 절대적인 가치를 인정하고 자국의 식량생산 안정을 모색하는 방향이 아닌 수입처의 다변화입니다..

식량을 그저 여러 나라에서 수입해서 먹어도 안정적으로 식량을 공급받을 수 있고 문제없이 안보를 지킬 수 있다고 판단한 것일까요? 코로나19라는 전 세계 사상 초유의 감염증 사태를 경험하면서 수많은 국가의 국경이 폐쇄됐던 경험을 벌써 잊은듯합니다. 최근에도 식량 가격이 급등하면서 주요 수출국에서 곡물 수출을 중단했습니다. 연일 전 세계 식탁 물가가 급등하고 세계 4대 곡창지대의 생산량이 급감하고 있는 현실 속에서 어떠한 방향이 자국의 안정적인 식량 확보 방법이고 물가안정인지를 여전히 판단하지 못하는 듯합니다.

30년 넘게 이어져 온 개방농정은 농업의 쇠퇴를 불러왔습니다. 농업인들이 줄어들면서 농업은 더 축소됐고 농업인들의 영향력이 줄어들 수밖에 없는 환경으로 변했습니다. 농업의 쇠퇴는 농촌지역의 경제에도 영향을 미쳐 인구수가 줄어든 농촌은 정치적 영향력에서도 그 힘이 줄어들고 사회경제적 양극화에 시달리고 있습니다.

최근 발표된 2021년 농림어업조사 결과는 현재 농업의 현실을 그대로 드러내고 있다. 2021년 농가수는 103만1,000호로 전년도 103만5,000호에서 4,000호가 감소했습니다.

농가 수는 줄어들고 농업인의 고령화 비율은 더욱 커지고 있다는 것도 마찬가지 맥락입니다. 65세 이상 비율은 46.8%로 2020년 42.3%보다 늘어났는데 우리나라 전체 고령인구 비율이 17.1%인 것과 비교해 보면 그 비율이 상당히 높은 것을 알 수 있습니다.

농촌 일손부족 문제가 날이 갈수록 더욱 더 심각해지는 것은 근본적인 문제를 해결하기 위한 방안 모색이 미흡했기 때문입니다. 시기마다 당장의 급한 불만 끄고 넘긴 것들이 쌓이고 쌓여 결국에는 외국인노동자에게 더욱 의지할 수밖에 없는 환경을 만들어 버렸습니다. 그러나 농촌에서 날로 늘어나는 농업인의 빈자리를 외국인 노동자로는 결코 채울 수 없습니다.

농업의 후대 양성에 힘쓰지 않는다면 농업·농촌을 지킬 수 없고 세계 식량위기가 현실화됐을 때 우리에게 닥친 위기를 극복할 수 없을 것입니다. 지금까지 소수의 대농 육성정책을 중심에 두고 경쟁력 강화, 집중화 전략을 선택했다면 이제는 식량주권을 실현하기 위한 전략적 방향으로 나아가야 합니다. 청년농업인을 육성하고, 농지를 보전하는 제도실현 등 자국의 농업 활성화가 최우선이 되는 농정이 실현돼야 식량주권도 지킬 수 있다는 것을 깊이 인식하는 새로운 정부가 되길 기대합니다.

(2022.01.08.)

농어촌 살리기

정부는 농촌을 유지발전시킬 의지가 있는가?

".대책없는 농업 추가 개방 있을 수 없어"

정부가 포괄적·점진적 환태평양경제동반자협정(CPTPP) 가입을 위한 본격적인 절차에 속도를 내는 가운데, 농수축산 생산자단체들은 범농어민단체를 구성해 국내 농어업에 닥칠 피해에 공동대응하기로 뜻을 모았습니다.

정부는 올해 4월 중 CPTPP 가입 신청서를 제출하는 방안을 추진하기로 발표해 농수축산 생산자단체의 우려와 반발을 사고 있습니다. CPTPP는 일본과 캐나다, 호주 등 아시아·대평양 11개 국가가 2018년 12월 출범시킨 협의체로 회원국 간의 농축산물 개방률이 96.3%에 달해 가입이 성사될 경우국내 농수축산업계 타격이 불가피할 전망입니다.

농업·수산업·축산업·임업 단체로 구성된 CPTPP 가입 중단을 위한 농어민 공동행동(가칭) 대표자들은 정부의 CPTPP 가입 추진에 제동을 걸고 있습니다.

이 단체들은 "많은 자유무역협정을 통해 우리 농축수산업은 갈수록 어려워지고 있으며 정부는 무역 이익공유제 등 온갖 감언이설로 우리를 설득했는데 지금까지도 그 실체는 없다"고 비판하고 있습니다. "또다시 CPTPP를 진행하면서 대충 설명하고 넘기려는 꼼수가 시작되고 있다"며 "이번만큼은 분명한 피해 대책과 이전에 지키지 못했던 무역 이익공유제 이행 등을 꼭 지키겠다는 확실한 보장 없이는 결코 어떠한 협상도 없을 것이다"고 목소리를 높이고 있습니다.

또한 △농식품부 예산 확대 △품목 축종별 피해 조사 실시 △식량안보 기본법 법제화 △농축수산업 보호 정책 마련 등을 요구하고 있습니다.

맞습니다. 농촌에 대한 무관심, 홀대 그리고 일방적인 희생을 강요해서는 안됩니다. (무역이익공유제)실시 등 농촌을 살리는 보장책을 확실하게 해서 농어업이 일방적으로 희생되는 것은 막아야 합니다. 아니 정부 스스로 농촌살릴 반안을 마련해야 합니다.

(2022.01.16.)

어느단체에서 내놓은 농어촌.농어업살리기를 위한 농어업인들의 소리를 집약해 내놓은 요구사항이자 함께 실천해야할 문제들입니다. "△기후위기 대응 △먹을거리위기 대응 △지역위기 대응. △공익적 직불 확대 △먹을거리기본법 제정 △지속가능 농어업 실현 △농어촌 주민수당 지급 △농어촌주민 행복권 보장 △농어촌 주민자치 실현." 등입니다. 우리 정부가 의지를 가지고 강력하게 실천해주어야하고 이것을 현장에서 일할 일꾼을 만들어 주어야 합니다.

희망이 있어야하고 삶의 질이 도시지역과 대등한 수준이 되어야 젊은 일꾼들이 몰려들것입니다. 혁명적인 수준의 개혁정책으로 추진되어야할 것입니다. (2022.01.25.)

농촌.농업 살릴 길 없나요?

일손이 부족한 농촌, 농자재값은 오르고 농산물값은 제자리이거나 뒷걸음질하는 이런상황에서 농촌,농업이 지속 발전하겠습니까? 대통령 후보님들의 농정공약은 얼마나 실현가능성이 있는지, 표 얻기 위한 헛구호가 많습니다. 아무튼 일반적인 농업인들은 한숨만 쉴뿐입니다.영농철을 앞두고 있지만 일할 사람구하기가 어렵습니다. 그나마 외국인 노동자에게 의존하던 일손도 코로나19로 막힌 상태라 답답한 상태입니다. 일손 부족과 인건비 상승은 농업의 지속가능성을 가로막는 큰장애물입니다. 난방용 유류, 비료, 상토,사료 시설자재, 포장재 등등 농자재값은 오르지 않은 것이 없습니다. 제발 같이 올라갔으면 하는 농산물 값은 어떻습니까? 오르는 경우는 거의 없지만 농산물값이 조금만 올라도 소비자물가 상승운운하면서 심지어 정부가 방해할 정도입니다.

농정당국을 비롯한 정부에 촉구합니다. 농촌인력문제와 농자재값 안정을 위해 특단의 대책을 세워주길 바랍니다.

농촌.농업을 살려 발전시켜야 건실한 선진대한민국이 됩니다.

(2022.02.18.)

농업의 미래, 농산물 수급정책

우리 농업의 미래 어떤가요? 한국농촌경제연구원이 내놓은 농촌.농업의 미래의 수치를 봐도 순탄치 않음을 알 수 있습니다.

농업·농촌과 관련해 늘어야 할 지표는 감소했고 줄어야 할 지표는 늘고 있음을 볼 수 있습니다.

농업의 기반이라 할 수 있는 경지면적부터 감소 일로를 걷고 있습니다. 지난해 경지면적을 전년 대비 0.8% 감소한 155만3,000ha로 추정했는데, 올해는 전년보다도 0.9% 줄어든 153만9,000ha로 전망했습니다. 중장기 전망은 마찬가지입니다. 경지면적은 건물 건축 등 농지 전용 수요의 증가로 2026년 149만6,000ha, 2031년 146만5,000ha로 계속 감소하리라는 예측을 하고 있습니다. 한편으로 비료비·농약비·사료비 등 농자재 비용은 계속 증가하리라는 예상은 농업인들을 더욱어렵게 합니다.

전반적 농업지표가 악화되고 있어 지속가능한 농업에 빨간불이 켜지고 있음은 안타까운 일입니다.

농업인들의 대체적인 요구 사항은 "현재의 농업 관련 4대 위기인 기후위기, 감염병 위기, 지역소멸(지역양극화) 위기, 먹거리 위기 타개를 위해 △FTA, RCEP, CPTPP 등 자유무역협정 체계에 대한 전반적 재평가 △공익직불제 손질 및 영역과 예산의 확대 △농촌 청년농민 육성 등의 대책이 필요하다"고 촉구하고 있습니다.

우리의 농촌은 시간과 공간의 여유가 있습니다. 마음을 청정하게 해주는 자연 청정제가 있습니다. 사람간의 정이 흐릅니다. 흙의 진실이 인간답게 만들어 줍니다. 농촌을 농촌답게 삶의 질을 조금만 더 높혀준다면 젊은이들이 모여들어 희망의 꽃이 활짝 필 겁니다. 노인

분들이 인생 후반을 행복하게 보낼수 있는 최적의 공간이 되길 바랍니다

(2022.02.30.)

농산물 수급정책이 농정의 중심입니다. 또한 국민의 삶에도 커다란 영향을 줍니다. 그런데 지금 정부는 농업과 농업인을 외면했습니다.

정부는 농민의 마지막 자존심인 쌀을 가지고 '최저가입찰'이라는 방식으로 농업인을 우롱했습니다. 쌀값은 농민값이라는 표현은 한국농업이 지켜야 할 최소한의 선을 말하는 것임에도 불구하고 정부는 농민값을 짓밟아버렸습니다.

날이 갈수록 농민들의 분노가 커지는 것은 농업인들과의 약속을 헌신짝처럼 벗어던지는 정부의 무책임한 태도 때문입니다. 농업인들끼리 최저가로 서로 경쟁하게 만들어 버린 행태는 농민층을 분열시키고 시장에 순응하게 할 의도로 해석할 수밖에 없다는 것입니다.

지난 2019년까지는 쌀값이 하락하면 쌀농가의 소득 피해를 어느 정도는 보전시켜줬던 쌀변동직불제가 존재했습니다. 쌀변동직불제를 폐지할 때 농민들이 우려했던 바가 현실이 되기까지 불과 2년이라는 시간밖에 걸리지 않았습니다. 양곡관리법에서 규정하고 있는 정부의 약속은 도리어 쌀값 하락을 유도했고 시장격리제는 쌀값 안정장치가 아닌 제대로 설계되지 못한 허술한 정책임을 드러냈습니다.

가격 폭락으로 농업인들이 입는 피해가 막심하지만, 농정의 주무부처인 농림축산식품부는 기획재정부 눈치를 보면서 아무런 역할도 하지 못했다는 것입니다. 농산물 수급정책은 농민이 중심이 되도록 설계·운영돼야 하지만 농식품부는 기재부 요구에 뒤따라가기에도 벅찬 지경입니다. 이로써 쌀에 대한 어떠한 안전장치도 마련돼 있지 않

다는 것이 드러났고 쌀값 정책에 대한 제도 보완이 불가피한 실정입니다.

정부의 농산물 수급정책이 실패한 것은 비단 쌀 뿐만은 아닙니다. 최근 양파가격 폭락사태에서 볼 수 있는 것처럼 주요 채소마저도 수급상황이 불안정한 것은 마찬가지입니다. 정부의 농산물 비축제도가 운영되고는 있지만, 그 물량은 가격 폭락 사태를 막기에는 너무나 미미하다는 것입니다. 국내산 수매물량보다 외국산 수입물량이 더 많이 배정돼 있고 지금처럼 가격이 하락하는 추세 속에서도 수입산을 관리하거나 금지하지 않는다고 합니다.

정부의 수급정책이 실패했음을 깨끗이 인정하는 것에서부터 변화가 시작돼야 합니다. 주기적으로 문제가 발생하는 것은 현행과 같은 방식이 한국농업에는 적합하지 않다는 것을 증명하고 있습니다.

생산과 공급의 안정적인 시스템을 마련하는 방향의 농산물 수급정책이 필요합니다. '주요농산물 공공수급제'는 주요 농산물 생산량의 20%를 국가가 수매하는 것을 기본으로 합니다. 정부 수매물량은 정부 조달방식으로 공공급식 활용을 통해 소비자인 국민에게 안정적인 가격으로 공급할 수 있습니다. 농산물을 제값 받는 체계가 마련된다면 한국농업의 전통적인 유지기반인 소농·가족농을 보호할 수 있고 안정적인 생산과 공급이 가능해질 것입니다. 농촌.농업의 지속발전도 보장할 수 있습니다

(2022.03.07.)

농업의 위기

농촌이 갈수록 어려워지고 있습니다.

2012년 농가인구는 291만2,000명에서 2021년 231만4,000명으로 25.8%가 감소했습니다. 전체인구에서 농민이 차지하는 비율은 5.8%에서 4.5%로 줄었습니다. 농가인구 중 60세 이상은 35.6%에서 42.3%로 급격히 증가하고 있습니다. 농촌은 이미 초고령화 수준을 넘어서 상황이 더욱 나빠지고 있습니다. 한국농촌경제연구원은 지난해 농가소득을 4,697만원으로 발표했는데, 이 중 농업소득은 1,299만원입니다. 농가소득에서 농업소득이 차지하는 비중이 27.7%에 불과합니다. 농업인들은 농사를 지어 생계를 꾸려나가기가 불가능한 상황이 되었습다. 농촌의 고령화와 1,000만원대 농가소득, 이 두 가지만 봐도 농업의 위기를 절감할 수 있습니다.

이는 지난 20여년 지속된 개방농정의 결과입니다..

대표적인 한-미 FTA 10년, 우리 농업은 점점 더 쇠락해 가고 있고 농업인들은 희망을 잃어가고 있습니다. 개방에 따른 농업피해를 충분히 보상할 수 있는 대책을 강구 해야 합니다. 또한 국내 농축산업계가 버티기 힘든 농산물 수입개방 정책을 전환해 농업생산 기반을 확보하는 것이 필요합니다.

농촌.농업을 살리는 길이 바로 선진대한민국의 발판입니다

(2022.03.31.)

건강한 농촌을 위하여

농촌.농업을 아무리 예찬해도 좋은 봄입니다. 이렇게 산과 들에 봄꽃이 수놓을 때는 더욱더 그렇습니다.우리의 농촌은 시간과 공간의 여유가 있습니다. 마음을 청정하게 해주는 자연청정제가 있습니다. 사람간의 정이 흐릅니다. 흙의 진실이 인간답게 만들어줍니다. 농촌을 농촌답게 삶의 질을 조금만 더 높혀준다면 젊은이들이 모여들어 희망의 꽃이 활짝 필 겁니다. 노인분들이 인생 후반을 행복하게 보낼 수 있는 최적의 공간이 되길 바랍니다. 이런 우리의 알찬 꿈이 이루어지려면 우선 정부가 농촌.농업을 살리고 보전 발전시킬 의지를 가지고 실행해 주어야 합니다. 바라건대 새정부가 이를 실행하고 견인해주길 고대해 봅니다. (2022.04.19.)

농촌.농업이 지속발전되고 노인이 존경받는 사회는 절대 무너지지 않습니다. 우리나라 65세이상이 901만명으로 전체 인구 17%정도입니다. 지금 노령화사회가 빠르게 진행된다고 야단법석입니다. 이것은 인간 본연의 도덕적 가치관을 무너뜨리는 일입니다. 문제는 청년이든 나이든 사람이든 일하고 싶은 사람에게 일자리를 만들어 주는 것입니다. 어느사람이 늙지 않을 수 있습니까?

노인도 경륜이 필요한 자리에서 훌륭하게 일하는 분들이 많습니다. 나이가 너무 많다는 자조적인 말은 우리 모두에게 보탬이 되지 않습니다. 고령사회라고 하지말고 경륜이 알차게 쌓인 복지사회라고 일컬으며 노인을 존중하는 아름다운 사회를 만들어가는. 농촌.농업이 지속발전되어 가는 건강한 대한민국을 희망합니다. 꿈은 반드시 이루어집니다.

(2022.05.09.)

이제 본격 농번기입니다. 우리의 주식인 쌀 생산을 위한 모내기가 시작되었습니다. 평화로워 보이는 농촌 정경이 펼쳐집니다. 하지만 겉보기와는 달리 농촌은 외롭습니다. 젊은이들이 없고 초고령사회가 되고 있습니다. 전반적으로 농촌문제가 산적합니다. 정말 정부가 발 벗고 나서서 농촌이 피폐되어 가는 것은 막아야 합니다. 젊은이들이 희망을 가지고, 노인들께서 안락한 노후를 보내실 수 있는 공간으로 만들어주어야 합니다. 농촌.농업의 지속발전이야 말로 선진대한민국의 지름길입니다.(2022.05.12.)

우리 농지가 항시 푸르고 노랗게 물들어야 합니다.

벼가 여름들판을 파랗게 채워주고 가을엔 황금빛으로 물들어 쌀이 생산되고, 밀과 보리가. 겨울 들판을 파랗게 채워주고 초여름엔 밀.보리가 생산되는 선순환이 되는 것을 기다립니다. 곡물 자급율이 높아져 우리 국민 모두가 먹을 거리에 안전한 그런 선진대한민국이 되어야 합니다. 농어촌이 삶의 질이 높아져 지역불균형이 해소되는 그런 선진대한민국을 고대합니다.

(2022.05.14.)

예견했던대로 식량대란이 시작되었습니다.

쌀.보리.밀.콩 등 우리의 주요 곡물의 자급율제고를 위해 특단의 대책이 필요합니다.

우리의 주식인 쌀은 100% 자급율을 유지함과 동시에 품질 좋은 쌀을 생산해 수출도할 수 있는 대책도 필요합니다. 밀.콩.보리는 자급율을 높혀야 합니다. 대비하지 않으면 지금 투자비용을 훨씬 상회하는 대가를 치뤄야한다는 것을 명심해야 합니다

(2022.05.20.)

농촌관광, 농촌,농업의 지속발전을 위한 방안으로 농촌관광이 한몫을 합니다. 마을 단위로 운영되는 농촌관광은 대부분 체험 활동 운영과 숙박시설 제공 외에도 농산물 및 가공식품 판매 등으로 연결돼 농가소득 증진에 크게 기여하고 있습니다. 관광사업 운영으로 인한 일자리 창출은 단순히 농가소득 증진을 뛰어넘어 공동화되는 농촌의 인구 유입까지 기대할만한 부분이기도 합니다. 고령화된 농촌의 지속가능성을 높일 대안으로 농촌관광이 역할을 해낼 수 있는 방안입니다. 농촌관광은 마을단위로 자율적으로 운영되는 것이 최선의 방법이지만 홀로서기가 될때까지는 정부나 지자체의 지원이 필요합니다.

(2022.06.04.)

식량 위기

식량 위기는 이미 진행형입니다. 시카고 선물거래소의 밀, 옥수수, 대두 등의 선물가격은 연일 상승하며 세계 곡물시장에 충격을 주었습니다. 지금 현장에서 급등하고 있는 비료 등 주요 원자재 가격은 향후 농업생산 활동을 위축시킬 수 있습니다. 급등한 원자재 가격을 감당하지 못해 생산량이 줄고 공급에 차질이 발생하게 된다면 결국 먹거리 불안 상황에 빠지게 될 가능성이 높습니다.

에너지와 식량 가격이 동시에 급등한 이 위기가 언제까지 계속될 것인지 알 수 없습니다. 식량 위기는 수입에 의존하는 국가에 큰 충격이 되고 있습니다. 유엔세계식량기구(WFP) 자료에 따르면 전 세계 8억1,100만명이 여전히 충분한 음식을 먹지 못해 기아나 질병으로 고통받고 있는 실정입니다.

더욱 안타까운 사실은 현재 기근 상태의 세계 인구는 전쟁과 분쟁 등으로 인한 사회불안으로 식량 접근성이 현저히 떨어져 굶주리고 고통받고 있다는 점입니다. 유엔은 지속가능발전목표(UN-SDGs) 두 번째로 2030년까지 제로헝거(Zero Hunger)를 달성하겠다고 다짐했습니다만, 분쟁, 재난, 구조적 불평등은 쉽게 해결될 조짐이 보이지 않습니다. 여전히 수백만명의 사람들이 식량부족에 시달리고 있고 사회 경제적으로 불안한 저소득 국가 국민들은 앞으로 일어날 식량위기에 무방비 상태입니다..

우리나라도 식량의 부족함이나 공급에 문제가 생기고 있습니다. 사료용을 포함한 곡물 자급률이 20.2%이며 OECD 회원국 중 최하위 곡물 자급률인 한국은 전 세계 어느 국가보다 식량위기에 취약할 수밖에 없습니다. 정부의 안일한 대응은 매년 하락하고 있는 곡물자급률로 증명되고 있습니다. 전 세계의 우려 속에 식량과 에너지는 이미 무기화돼 버렸고 식량주권을 갖지 못한 국가는 위기에 처할 수 밖에 없습니다. 그렇다면 우리는 식량위기, 기후위기 시대 식량주권을 확보할 농촌.농업에 희망을! 농촌.농업에 더 세심한 관심과 지원이 필요합니다.

코로나19, 러시아-우크라이나 전쟁 등 국제적 위기가 가중되면서 물가가 급등하고 있습니다. 모든 원자재 가격이 급등했습니다. 이러한 국제 정세의 흐름이 다른 분야에도 악영향이 미치고 있지만 농촌, 농업인들은 어려움이 가중되고 모든 농자재값이 급등하고 있습니다. 비료 값 기름값은 대폭 올랐습니다. 인건비 상승은 벌써 3년째 계속되고 있습니다. 축산농가들은 사료값 상승과 더불어 조사료를 구하지 못해 애를 태우고 있습니다. 정부에서도 대책 마련에 힘을 쏟고 있지만 어려움을 완화하기엔 역부족입니다.

코로나19와 전쟁으로 인해 전 세계는 지금 식량주권에 주목하고 있습니다. 안정적으로 식량을 생산하는 문제가 국가 최우선 과제로 드러나고 있습니다. 우리입장에선 더욱 절실한 문제입니다. 우리나라는 식량자급률이 45.8%, 곡물자급률은 21%에 불과하기 때문입니다.. 우리가 먹는 식량의 절반 이상을 해외에서 사다 먹고 있기 때문입니다.

그런데도 아직도 식량문제의 심각함을 인식하지 못하고 있습니다. 국제 곡물 가격이 급등해서 아우성치는데 우리의 주식인 쌀값은 내려가는 상황입니다. 주식인 쌀을 자급하고 있어서 나타나는 현상입니다. 그나마 다행이라고 해야하나요?

만일 우리가 쌀을 자급하지 못한다면 물가 위기와 더불어 식량의 위기까지 감당하는 최악의 상황에 직면하게 될 것입니다. 그래서 농업에 관한 관심과 지원이 절실합니다.

(2022.06.28.)

쌀이 풍년인 것을 걱정하는 사람들, 쌀이 남아도는 것을 걱정하는 사람들, 지금도 그런 생각을 하는 사람이 있다면 바보라고 해야하겠지요.

오늘 아침은 벼 들판을 가로질러 산책을 했습니다. 좋은 기분을 만끽하면서 애쓰는 농업인들께 감사드립니다. 우리가 그나마 과도한 식량 걱정을 않는 것은 쌀 덕분입니다. 우리의 주식인 쌀은 그나마 자급이 되기 때문입니다. 쌀만은 반드시 지켜야합니다. 물론 식량자급율과 곡물자급율 제고에 혼신의 노력을 해야합니다. (2022.07.04.)

농업은 헤아릴 수 없는 큰 공익적 가치를 담당하고 있습니다. 농업의 공익적 가치중에서도. 우리의 큰 문제인 기후변화에 대처할 수 있게 된다는 것입니다

농업의 기본인 흙은 탄소를 흡수하는 역할을 담당하고 있습니다. 탄소 배출을 줄이는 것도 중요하지만 이미 배출된 탄소를 흡수하는 것도 중요합니다. 실질적 탄소 배출량을 0으로 만드는 것을 우리는 탄소중립이라 하는데 흙이 갖고 있는 탄소 포집 능력은 대기 중에 있는 탄소량의 3배 이상을 함유하고 있다고합니다.. 흙을 살리는 것이 기후변화에 대응하는 가장 기본적인 방법일 것입니다. 그러기 위해서는 농약 사용의 자제가 절실합니다. 그렇다고 비료만으로 농사를 짓기란 쉽지 않습니다.

(2022.7.7.)

되씹지 않을 수 없는 것이 식량위기입니다.물가의 가파른 상승은 국제곡물가격이 급등하기 때문입니다.우리는 곡물자급률이 20.2% 입니다

주요곡물인 밀,옥수수의 자급율이 1%도 되지않기 때문에 우리의 소비자자물가는 국제곡물가격에 비례해서 치솟고 있습니다.

정부와 언론 역시 물가상승 사태를 심각하게 받아들이고 있습니다. 그런데 식량위기가 문제의 본질이고 식량자급율을 높혀야 된다는 주장은 없습니다. 앞으로 식량으로 인한 소비자물가의 불안은 계속된다고 봐야합니다.

결국 농업을 살리고 농토를 지켜야 합니다. 농업인들이 희망을 가지고 농사를 잘 짓도록 해주어야 합니다. 경자유전의 원칙을 철저히 지키는 제도적 장치를 해야합니다. 토지는 투기의 대상이 아니라 식량을 생산하도록 해야 합니다. 농지의 60%를 비농민이 소유하고 있다는 것은 말이 되지 않습니다.

이제 노는 땅이 없이 벼,보리,밀 콩을 심어서 곡물자급율을 올리도록하는 것은 정부가 해야할 첫번째 과제임을 명심해야 합니다. (2022.07.08.)

비내리는 아침의 아름다운 들판입니다. 단비로 벼에 생기가 넘칩니다. 이 아름다운 정경은 없앨수도 없고 없어지지도 않을 것입니다.

우리 농촌이 지금은 어렵고 피폐하지만 머지않아 새로운 활로를 찾을 것이 분명하고 확실합니다. 시간이 흐르면 환경이 쾌적한 곳으로 이동하게 되어 있습니다. 그런데 균형발전과 올바른 성장을 위해 정부가 좀 더 적극적인 농업정책을 펴주길 기대해봅니다. (2022.07.11.)

농업이 비상이다

농업이 비상입니다. 비료·사료·유류비 급등! 농업생산비 절감방안 시급합니다.

비상이 걸린 농업계는 그동안 여러 민생대책에서 소외된 농업 현안이 국회 농림축산식품해양수산위원회 등 소관 상임위원회에서 깊이 있게 다뤄지길 기대하고 있습니다. 농업분야는 올해 극심한 인력난과 비료·사료값 급등에 더해 면세유 등 에너지 비용이 치솟아 부담이 커졌지만 국회 공백기가 길어지면서 대책을 호소하는 데도 어려움을 겪었습니다. 이제라도 국회가 법률·예산 지원으로 농업 생산비 절감방안을 모색해달라는 요구가 높은 배경입니다. 농입인들은 "최근 정부와 국회는 민생불안 해소를 위해 각종 대책을 발표했으나 농민을 위한 지원책은 부실한 실정"이라며 "농업용 면세유 부담 완화와 무기질비료 인상차액 계속 지원 등 농가 민생대책에 범국회 차원의 관심과 지원이 이뤄져야 할 것"이라고 강조했습니다.

현장에선 쌀산업 경쟁력을 높이기 위한 '양곡관리법' 개편 목소리가 높습니다. 수확기 생산량이 시장 수요량을 초과할 것으로 예상될 경우 정부가 초과분을 의무 매입하는 형태로 법을 바꿔야 한다는 얘기입니다.

대통령 직속 농어업·농어촌특별위원회는 농해수위 차원에서 시급히 처리해야 할 의제로 ▲공익직불제 배제 실경작 농가 구제와 선택형직불 확대를 위한 직불제 개편 법안 개정 ▲농촌공간 재구조화 계획 추진을 위한 법안 제정 ▲지역사회 중심의 먹거리돌봄 활성화를 위한 '지역사회 통합돌봄법' 제정 ▲순환형 산림경영 실현과 지역활성화를 위한 산림계획제도 개선 등을 제시했습니다. 아무튼 농업인,

농민단체, 농업관련 기관에서 농촌.농업의 지속발전을 위한 요구가 계속되고 있는 만큼 정부가 관심을 가지고 적극적인 대책을 세워 실현해야 합니다.

(2022.07.27.)

장기적으로 볼때 농촌문제 해결은 국가적 난제를 해결할 열쇠입니다. 농촌에 희망이 있으면 인구분산. 청년일자리. 부동산문제. 인구절벽문제. 환경문제. 건강문제 등등 해결됩니다. 농촌의 지속 발전을 위해 국가적. 역량을 결집시키는 강력한 정책이 필요합니다.

단세포적 정책으론 이들 문제해결은 요원합니다.

(2022.08.02.)

다시 농촌(산촌. 어촌포함)입니다. 머지 않은 장래에 농촌이 이상향이 됩니다.

자연적이든 인위적이든 농촌은 우리의 최고의 보금자리입니다.

우리는 좋은 공기를 마셔야합니다.

우리는 흙을 밟아야 합니다.

우리는 자연의 변화를 세심하게 느낄 수 있어야 합니다.

그리고 인간끼리의 진솔한 정을 주고 받아야합니다.

어제.오늘(2022.8.10) 수도권의 물난리를 보면서 다시 농촌이 우리의 최상의 보금자리가 된다는 확신을 가집니다.

(2022.08.10.)

농업 부흥시대를 열자

농촌.농업의 부흥시대를 열자!

먹거리의 중요성을 부인할 사람은 아무도 없습니다. 그것을 생산하는 곳이 농촌입니다. 그런데 농촌.농업을 무시하고 농촌이 무너지는 것을 당연시하는 부류들이 있다는 것에 경악을 금치못합니다. 그런데 이런 무지함이 철퇴를 맞고 있음을 실감하고 있습니다. 첫째는 자연현상인 이상기후입니다.

다음은 전쟁등 인위적인 요인들입니다. 이젠 먹거리를 생산하는 농촌.농업의 지속.발전이야말로 정치지도자들이 알고 해결해야할 정책적 과제라는 것을 알아야 합니다. 이것이야말로 견실한 선진대한민국의 기틀이된다는 확신을 가집니다

(2022.08.13.)

농촌문제 해결방안이 있느냐고 묻는 분들이 계시는데, 제일 중요한 것은 '농촌.농업을 지속발전시켜야한다' 는 의지의 문제입니다. 다른 여타문제 해결보다 예산도 그렇게 많이 필요하지 않습니다.

농촌.농업이 발전되어야 건실한 '선진대한민국'이 되다는 의식을 가지고 정책을 일관성 있게 효율적으로 농업정책을 기획.실행한다면 그 해결책은 이미 나와 있습니다."식량은 수입해서 먹으면 된다."라는 의식을 가진 사람들이 많은 정치.행정구조이기 때문에 이렇게 농촌.농업문제가 꼬이고 있지만 머지 않아 그 해결책이 실현되리라 확신합니다. 식량위기가 세계적인 문제가 되고 있기 때문입니다.

뒤통수 맞고 깨치는 날이 반드시 옵니다. 먼저 깨우치는 대한민국이 되길 기대합니다. (2022.08.18.)

퍼머컬쳐

농업 관련 기사들에서 '퍼머컬처'란 단어를 볼 수 있습니다. 퍼머컬처(Permaculture)는 '영원한, 영구적인'이란 뜻의 퍼머넌트(permanent)와 농업을 뜻하는 어그리컬처(agriculture) 두 단어를 합쳐 만든 단어라고 합니다.

'영속농업' 또는 '영구적인 농업'이라 해석이 되는데. 일단 '지속가능한 농업'과 일맥상통하는 농업이라고 추측해봅니다.

그러나 퍼머컬처 범주엔 생태농업만 포함되는 게 아닙니다. 사실 퍼머컬처의 '컬처(culture)'는 '문화'를 뜻한다고 보는 게 더 정확합니다. 퍼머컬처는 '영속적 문화' 또는 '지속가능한 문화', 즉 자연의 체계(또는 섭리)에 따라 농사짓고, 생활하는 삶의 방식을 의미합니다.

퍼머컬처란 단어는 1978년 호주 태즈메이니아대학의 생물학자 빌 몰리슨과 데이비드 홈그렌이 쓴 책『퍼머컬처 원(Permaculture One)』에서 처음 등장했습니다. 홈그렌은 퍼머컬처에 대해 "자연에서 발견되는 반복적 형태와 관계를 모방해 지역에서 필요한 음식, 섬유, 에너지를 충족시킬 수 있도록 설계한 경관"이라 정의한 바 있습니다.

즉 자연의 원리에 따라 생활환경을 구성하고, 그 속에서 자급·자립하는 삶을 추구하는 것이 퍼머컬처라 할 수 있습니다. 뉴욕에서 버몬트 시골로 귀농해 유기농사를 지으면서 필요한 먹거리 및 생활수단은 자급자족하고, 집도 자연환경에 조화되게끔 만들어 살았던 미국의 평화운동가 스콧·헬렌 니어링 부부의 사례가 어느정도 퍼머컬처에 부합한다고 볼 수 있겠습니다.(참고로 니어링 부부는 농사지으며 한국의 옛 농사방식을 참고했다고 하네요.)

20세기 이래의 자본주의 산업체계가 자원 낭비, 생태계 단절, 환경 파괴, 기후위기 심화를 부추겨 온 상황에서, 퍼머컬처는 농업을 비롯한 삶의 모든 분야를 자주적이고 생태친화적 방식으로 '전환'하는 문화방식이라 하겠습니다

(2022.08.24.)

농촌.농업이 우리의 뿌리이기 때문에 우리의 모든 명절은 농업과 관련이 있지요. 우리의 최대 명절 추석은 더욱 더 그렇습니다.

'더도 말고 덜도 말고 한가위만큼만 같아라'는 말이 있을 정도로 추석은 최고의 풍성한 명절입니다. 둥근 보름달처럼 행복을 만드는 즐거운 추석이길 바랍니다.

(2022.09.09.)

자연은 우리가 믿고 안길 최후의 보루지요. 자연은 그대로 우리의 보금자리이지요. 아침 산책길에 지리산의 좋은 기운을 가슴에 듬뿍 담습니다

(2022.09.11.)

농촌이 살아야 나라가 산다

“농촌이 살아야 나라가 산다!”는 말이 옛날 구호 같지만 현재도 미래도 유효한 구호 입니다. 요즈음 식량주권이라는 말이 회자되고 있습니다. 최근엔 정부 문서에서 식량주권이라는 표현을 종종 발견할 수 있다고 합니다. 하지만 식량주권을 확보하겠다고 하면서 정작 펼치는 정책은 그와는 반대입니다. 식량주권을 실현하기 위해서는 농촌.농업인이 없으면 불가능한 것은 모두가 아는 사실입니다. 농업인이 사라지면 식량 수입국인 대한민국은 더욱더 수입 의존율이 높아지고 세계 곡물 메이저에 좌지우지 될 것입니다. 우리의 생명줄이 남의 나라에 의존하게 됩니다. 농촌. 농업인이 소멸되고 피폐해지는 미래를 기다리는 것이 아니라면 지금의 농정방향은 전면 전환돼야 하고 정부와 유관기관은 농촌.농업의 지속발전으르 위한 대책을 만들어 실행해야 합니다.

“농촌이 살아야 나라가 산다.”

(2022.0912)

벼들판이 황금빛으로 물들어 갑니다. 벼농사는 풍년이 되어야 합니다. 우리의 주식인 쌀은 남아돌아야 합니다. 우리의 쌀은 공공재입니다. 정부가 특별히 관리해서 생산자에겐 충분히 보상 되어야 하고 소비자에겐 적정수준의 기격으로 공급되어야 합니다.

쌀이 천덕구리로 전락하는 일이 없어야 합니다. 우리의 쌀이 빵. 과자등 고급식품의 원료로 사용되고 기능성 있는 쌀은 고가로 수출이 될 수 있도록 하는 등 다양한 소비 전략이 필요합니다. 물론 우리의 주식으로서 밥으로 사용되는 것을 증가시켜야 합니다. 자라나는 세대에게 쌀의 중요성을 일깨워 주는 노력도 필요합니다.

행여 쌀의 생산기반을 무너뜨리는 우를 범할까 우려가 되는 요즈음입니다. 절대 쌀은 지켜야합니다. 우리의 생명이기 때문입니다.

(2022.09.14.)

농촌.농업을 지속발전시키는 일에 국민 모두가 동참해 주어야 합니다. 농사를 지어보지 않은 사람도 먹는 것은 해야 하는 것이지요.

어느 누구도 식량에 예외일 수 없습니다. 농업인들께서 외치는 '경자유전' '쌀값보전' 등등이 억지로 보인다면 농업을 볼라도 한참 모르는 일입니다. 자신의 편리한대로 주장하는 것은 자유입니다. 그러나 큰틀에서 보면 농업인들의 요구는 대체로 맞는 주장입니다.

시량은 수입해서 먹으면 된다는 논리를 펴는 사람들이 많은 현실이기 때문입니다.

이제 농촌.농업을 홀대하는 사람들이 반성하는 날이 얼마남지 않았습니다. 농촌. 농업의 지속발전이 선진대한민국의 밑바탕임은 언제나 유효합니다.

(2022.09.19.)

쌀 풍년에 호들갑 떠는 사람들! 국민이 하자는데 여야 네탓내탓하는 정치꾼들, 왜 쌀이 문제입니까? 풍년이 문제입니까? 허둥대는 모습들, 왜 농업문제에 돈들어가는 것 엄청 아까워하는 모습들, 부실공기업 지탱하는 데. 실정으로 빚어진 일에 쏟아붓는 수십조 원의 돈들은 이렇게 호들갑 떠는 것 보지 못했는데. 쌀문제. 농업살리는 문제는 그 무엇보다 중요한 일입니다. 우리의 생명산업을 살리는데 무엇이 아깝나요?

우리의 쌀은 지켜야 하고 중장기적 대책이 절대 필요합니다.

(2022.09.26.)

쌀을 지켜야 한다

쌀은 지켜야합니다. 쌀은 우리의 생명줄입니다. 쌀값폭락으로 쌀 풍년이 걱정거리로 전락하는 기현상이 연출되고 있습니다. 우리농업인들은 쌀 한공기(100g)에 300원이 보장되어야 한다는데 현재 205원 정도가 되어 쌀생산 농업인들의 불만이 극에 달하고 있습니다.2018년쯤에 쌀 한공기 300원 보장을 주장했는데

현재 밥 한 공기(100g) 원가가 205원 정도이니 짐작이 갑니다. 올해 물가가 5% 이상 오르고, 비료값은 3배, 인건비는 2배, 각종 농자재값도 두 배 이상 폭등했지만, 쌀값은 거꾸로 폭락이 되어 농촌은 초상집 분위기입니다.

해마다 벼를 재배하는 농지는 계속 감소하고 있습니다. 벼 재배면적은 2020년 82만3,895ha에서 2021년 78만440ha으로 1년만에 4만3,455ha 줄었다는 것입니다.

그런데도 정부는 쌀값 하락의 원인을, 농민이 쌀농사를 많이 지어서 과잉됐기 때문이라고 밝히고 있습니다. 하지만 실제론 매년 저율관세할당물량(TRQ)으로 들어오는 의무 수입쌀이 40만8,700톤입니다. 국민들의 쌀 소비량이 줄어드는 만큼 고정적으로 들어오는 TRQ 쌀의 비중은 증가할 수밖에 없어 8% 수준이던 TRQ 쌀이 현재 국내 수요량의 11%까지 차지한다는 것입니다. TRQ 쌀이 쌀값폭락의 원인이기도 합니다. 현재의 양곡정책은 쌀 재배면적을 줄이는 데만 맞춰져있어 흉작이나 기후위기 상황이 닥칠 시 아무런 대책이 없다는데 심각한 문제입니다.

정부는 국민들의 쌀 소비가 줄어 쌀이 과잉돼 쌀값이 폭락했다고 말하고 있습니다.다. 오로지 물가가 올라 국민들이 먹고 살기 힘드

니, 밥 한 공기 원가가 220원도 안 되는 쌀값을 더 떨어뜨려야 한다고 그저 농산물 값 때려잡는 데만 혈안이 돼있다고 봐집니다. 쌀은 어떻게든 살릴 방안을 고민하고 중장기적 대책이 시급합니다.

쌀값이 하락한 이유가 쌀의 과잉이 아니라 정부의 잘못된 양곡정책 때문이라는 지적이 많습니다.

그외에 밥용 쌀은 꾸준히 수입해 시장에 푼 점과 통계청의 엉터리 생산통계로 인한 시장혼선 등 정부당국의 잘못된 양곡정책이 쌀값 폭락의 원인이라는 지적도 합니다.

농업인들은 자동시장격리만으로는 쌀값을 안정시킬 수 없고 현재의 양곡관리법은 계속해서 하락하는 쌀값을 막을 수 없다는 것입니다. 이제 농업인들은 변동직불제를 부활해 최소한의 생산비를 보장할 수 있도록 적정가격을 명시하는 목표가격제를 양곡관리법에 명시할 필요가 있는 주장을 하고 있습니다..

쌀이 무너지면 전체 농업의 붕괴로 이어집니다. 쌀을 지켜내는 데는 여야가 따로 없습니다. 쌀은 정쟁의 대상이 되어선 안됩니다..

코로나19 팬데믹과 우크라이나 분쟁 이후 식량수출국들이 가장 먼저 한 일은 농산물 수출금지 조치였다는 것을 망각하지 말아야합니다. 급등하는 국제곡물가격 은 곡물자급률 20% 정도에 머물고 있는 우리는 정신 바짝 차려야 합니다.

쌀을 제외하면 대한민국의 곡물자급률은 고작 2.6%에 불과하고. 쌀은 국민의 주식이며 생명줄입니다. 주곡인 쌀은 절대 포기해선 안됩니다 (2022.10.01.)

우리의 쌀이 귀한 보배가 될 날이 머지않았습니다. 남아도는 쌀. 골치아프다고 아우성, 하지만 우리의 쌀은 지켜야함을 강력하게 요구합니다. 밀을 대신할 수 있는 쌀가루 벼가 개발되어 생산되고 있어 이제 쌀 생산지를 유지하여 보존할 수 있을 것으로 보입니다.

향후 우리의 쌀이 수입밀을 대체할 수 있는 기반이 구축될 때까지 정부와 관계기관이 노력해야 합니다. 오늘 아침엔 황금빛 들판을 산보하면서 벼의 향기를 만끽했습니다. 쌀이 다시 소중해지면 희망의 농촌이 될것입니다.

(2022.10.14.)

지금 국회는 비정상으로 운영되고 있습니다. 여당과 야당이 완전히 딴짓들 하고 있습니다. 대통령 시정연설에 야당이 불참하고, 여당이 없이 법안이 통과되는 등 국민을 우습게 보는 짓들이 횡행하고 있습니다.

양곡관리법 개정안이 국회 농해수위를 통과했습니다.

쌀 생산조정제와 자동시장격리제를 담은 개정안인데 주요 내용은 △쌀의 구조적 공급과잉 문제 해소 및 주요 곡물의 식량자급률을 제고하기 위해 벼 및 타작물의 재배면적을 연도별 관리하고, △논에 타작물을 재배하는 농업인 등에 대해 재정적 지원을 할 수 있는 '생산조정제'와 △쌀 생산량이 수요량의 3% 이상 초과하거나 평년 가격보다 5% 이상 하락할 경우, 가격안정을 위해 수확기(10~12월)에 초과생산량보다 많은 물량을 매입하도록 한 '자동시장격리제'가 핵심입니다. 일단 내용만 보면 수긍이 가는 면이 있지만, 제1야당 혼자서 북치고 장구치는 상태가 되고 있습니다. 이 개정안이 언제 시행될지는 모르지만 국민의 입장에선 그 과정을 지켜볼 뿐입니다. 여야 공히 국민이 눈 부릅뜨고 있음을 알기 바랍니다

(2022.10.26.)

농촌 농업이 희망

무엇이 농촌지역을 힘들게 할까요?

도농 교통·에너지 복지 차별 심화가 지방소멸을 부채질하고 있다는 것입니다.

한국 사회 화두는 '지방소멸'입니다. 한국고용정보원에 따르면 올(2022) 3월 기준 전국 228개 시·군·구 가운데 '소멸위험지역'은 113곳(49.6%)에 달하며, 대부분 군(郡) 단위 농촌지역입니다. 지방소멸 이유는 단순합니다. 각종 환경이 도시보다 열악한 데다 교통비·난방비 같은 기초생활비가 훨씬 많이 들기 때문입니다. 이런 단순한 문제들이 해결되지 못하면 농촌지역은 생존하기 어렵습니다.

아무튼 교통, 에너지, 복지등 도농간 차별의 심화를 막고 균형 발전을 이루어 선진대한민국의 튼튼한 기반을 다지기 위해선 종합적이고 장기적인 정책 개발과 실천을 해가야 합니다.

이제 우리나라가 선진국의 문턱에 선만큼 이를 심도 있게 고민해서 해결책을 내 놓아야 합니다.

(2022.11.06.)

정치권도 '농업은 나라의 뿌리' '국민의 생명산업' '식량안보' '농업의 미래성장동력산업' 등등 농업이 중요하고 농업이 소중하다는 말은 합니다. 그런데 실질적 대책은 보이지 않습니다. 갈수록 농촌은 공동화되고 농업인들의 불만은 최고조에 달해 있습니다.

여야 정치권의 농촌,농업대책들을 보면 현실성도 결여되어 있지만 표를 얻기 위한 흉내만 내는 듯한 느낌이 들어 농업인들은 더욱 분노하고 있습니다. 진정으로 농촌, 농업의 지속 발전을 위한 대책이 있는지 정치권에 묻고 싶습니다.

자연재해, 기후위기, 전쟁등의 세계정세 변화에 대한 중장기적 대응 방안은 제대로 있는지?

언젠가는 농업이 국가의 미래 성장동력이 될수 있다는 농업의 중요성을 제대로 간파해서 국가 정책으로 발전시킬 비젼은 있는지? 정말 궁금합니다

(2022.11.13.)

농촌.농업이 지속 발전되면 지역 균형발전 제대로 이루어집니다.

모든 큰 문제는 복잡한 곳에서 발생합니다. 농촌.농업이 지속발전되고 복지농촌이 실행되면 수도권 문제 해소됩니다.

농업이 제대로 성장하면 생명산업은 제대로 성장되고 식량대란도 막을 수 있습니다. 지역 균형발전은 억지로 되는 것이 아닙니다. 복지농촌으로 자연스럽게 되는 것입니다.

농업은 생명산업입니다. 농업이 발전되면 자연재해도 방지될 수 있습니다. 이것은 하루아침에 이루어지는 것이 아닙니다.

우리의 산림이 하루아침에 저렇게 풍성해진 것이 아니듯이 긴 안목으로 서서히 이루어가야 합니다. 우리는 생각만 제대로 하면 할 수 있는 근성과 저력이 있는 국민입니다. 농촌.농업의 지속 발전으로 푸른 선진국이 됩니다.

(2022.11.23.)

농촌.농업에 우리나라의 벅찬 희망이 있습니다. 우리나라의 난제를 해결할 답이 있습니다. 농업은 미래 성장동력 산업입니다. 우리의 꿈을 실현할 농촌.농업에 장기적인 관심과 투자를 집중해야 명실공히 견실한 선진대한민국이 됩니다. 농업은 천하지대본임은 영원합니다.

(2022.12.05.)

우리의 농업이 정쟁의 수단이 되어선 안됩니다. 정부를 비롯한 농업 관련기관도 농촌.농업을 자신들의 보신 수단으로 생각해선 더욱 안됩니다. 농업은 생명산업입니다. 우리의 삶을 영위하는 식량을 공급해주는 신성한 산업입니다. 일부 정치 세력이 얄팍한 속셈으로 순수한 농업인들을 이용하는 것을 보노라면 울화통이 터집니다.

우리 순수한 250여만의 농업인들이 본업에 충실할 수 있도록 정책적 지원을 우선해야 합니다. 농촌.농업이 지속 발전되도록 중장기적 농정이 확립.실행되어야 합니다. 정부가 바뀔 때마다. 농정이 흔들려서는 안됩니다. 기후위기 등이 우려되는 지금 확실한 농업진흥책을 만들어야 합니다. 이것은 정부와 관계기관의 의지에 달려있습니다. '농자천하지대본'임은 언제나 유효합니다.

(2022.12.09.)

어제(12월14일) 고성군.남해군 먹거리통합지원센터 활성화 현장을 방문했습니다. 도청 농식품유통과가 주관한 행사인데 지역 중소농의 소득증대 기여. 공공급식의 안전성 확보 질 좋은 먹거리 제공 등을 목적으로 시작한 시군먹거리통합지원센터가 아직은 초기단계라 운영에 난제가 많아 보였습니다. 하지만 종사자들의 소기의 목적을 달성하겠다는 의지가 보여 좋았습니다. 아무튼 공공급식이 지역농업지속발전과 먹거리의 품질과 안전성을 확보한다는 목적을 가지고 있는 만큼 반드시 성공하리라 확신해봅니다.

(2022.12.14)

우수농산물 관리제도

12월 17일 11시 (사)GAP영남협의회(이사장 남명우) 대의원 총회가 있었습니다. GAP(우수농산물관리제도)는 안전한 농산물을 소비자에게 공급하기 위한 정책인데 아직 홍보가 제대로 되지 않고 있습니다.

정부가 여러가지 농식품안전정책을 내놓고 있지만. 제대로 홍보가 되지 않아 생산자.소비자 공히 혼선을 주고 있습니다. 농업과 먹거리에 대한 정부나 관계기관이 좀더 집중적 관심을 가져주길 고대합니다.

(2022.12.19.)

농업에 대한 인식이 급속하게 변하고 있습니다. 미국 등 각 나라는 코로나19,전쟁,기후위기에서 발생하는 식량위기에 대처하기 위한 대책들을 내놓고 있습니다. 농업의 지속발전정책을 서두르고 있습니다. 특히 미국 인플레이션 감축법의 섹션 22006에 의거, 미국 농무부(USDA)가 진행한 대출 및 보증 융자 그리고 농업 운영에서 재정적 어려움을 겪고 있는 농민을 신속하게 구제하기 위해 31억달러(4조486억원)를 제공한 사실은 솔직히 충격적입니다. 미국 농무부가 설명하는 지원 이유는 더욱 그러합니다.

"더 빈번하고 더 강력하며, 기후에 따른 자연재해로 인해 악화된 전염병에 의한 시장 혼란으로 큰 타격을 입은 농민을 포함한 많은 농민들에게 이러한 지원은 농촌 지역사회뿐만 아니라 국가 전체의 복지에 필수적인 식량, 섬유 및 연료의 계속 생산을 위해 매우 중요합니다."

우리나라는 어떤가요? 농가 소득은 줄고 생산비는 급속하게 늘어나는 이중.삼중고를 겪고 있습니다. 대표적 농산물인 쌀값이 통계를 작성한 지 45년만에 최대폭으로 하락하는 등 농산물값은 농업인들을 우울하게 하고 있습니다.

물가에서 차지하는 농산물의 가중치는 매우 작습니다. 구체적으로 살펴보면 물가상승의 원인으로 자주 언급되는 쌀은 소비자물가지수 1,000 중 4.3에 불과하다고 합니다. 하지만 통신비는 36.1이다. 소비자가 월평균 1,000원을 지출할 경우 쌀 구입에는 4.3원을 쓰지만 휴대전화 통신비에 36.1원을 쓰는 것입니다. 그럼에도 농산물 가격이 마치 물가상승의 주범으로 느껴지는 것은 구매빈도가 높기 때문에 나타나는 심리적 요인일 뿐입니다. 농정당국은 이러한 사실을 잘 알고 있습니다. 하지만 마치 농산물 가격이 물가상승을 주도하는 것처럼 법석을 떠는 광경을 봅니다. 물가에 미치는 실제 영향보다는 당장에 보여주기 성과를 낼 수 있는 농산물 가격만 오로지 뒤흔들고 있는 것입니다. 이와같이 농업인들의 생산의지를 꺾어선 안됩니다. 농업인들이 추운 겨울 길바닥에서 지자체와 정부를 상대로 투쟁하게 해선 안됩니다.

수출로 상품을 팔아 번 돈으로 식량은 싸게 사다 먹으면 된다던 신자유주의 논리는 붕괴돼 가고 있습니다. 우리의 식량위기는 우리가 직접 식량자급률을 높혀가는 길밖에 없습니다. 세계는 지속가능한 농업을 유지하기 위한 대책을 서두르고 있습니다. 우리는 더욱 서둘러야 합니다. 먹거리가 풍부해야 튼튼한 선진국이 됩니다.

(2022.12.21.)

3부

농어촌복지운동 2

멈추지 않은 농업혁신

농촌.농업이 지속발전되고 노인이 존경받는 사회는 절대 무너지지 않습니다. 우리나라 65세이상이 901만명으로 전체인구 17%정도입니다. 지금 노령화사회가 빠르게 진행된다고 야단법석입니다. 이것은 인간본연의 도덕적 가치관을 무너뜨리는 일입니다. 문제는 청년이든 나이든 사람이든 일하고 싶은 사람에게 일자리를 만들어 주는 것입니다. 어느사람이 늙지 않을 수 있습니까?

노인도 경륜이 필요한 자리에서 훌륭하게 일하는 분들이 많습니다. 나이가 너무 많다는 자조적인 말은 우리 모두에게 보탬이 되지 않습니다. 고령사회라고 하지말고 경륜이 알차게 쌓인 복지사회라고 일컬으며 노인을 존중하는 아름다운 사회를 만들어가는. 농촌.농업이 지속 발전되어 가는 건강한 대한민국을 희망합니다. 꿈은 반드시 이루어집니다.

(2022.12.29.)

농촌.농업.고향을 생각하게 하는 배호님의 '두메산골' 감상해 봅니다. 배호님의 천상의 목소리에 실린 노래가 감동입니다.

"산을 넘고 물을 건너 고향 찾아서
너보고 찾아왔네 두메나 산골
도라지 꽃피던 고향, 맹세를 걸고 떠났지
산딸기 물에 흘러 떠나가도
두 번 다시 타향에 아니 가련다
풀피리 불며불며 노래하면서 너와 살련다

혼을 넘어 재를 넘어 옛집을 찾아
물방아 찾아왔네 달뜨는 고향
새소리 정다운 그 날 울면서 홀로 떠났지
구름은 흘러흘러 떠나가도
두 번 다시 타향에 아니 떠나리
수수밭 감자밭에 씨를 뿌리며 너와 살련다"
(2023.01.02.)

2023년 농림축산식품부의 중점추진계획은 '멈추지 않은 농업혁신, 세계로 도약하는 K-농업'을 주제로 한 정책방향으로 굳건한 식량안보, 농업의 미래성장 산업화, 농가경영 안전망 강화 및 새로운 농촌 조성을 위한 핵심 과제로 두고, 구체적 방안으로 ▲주요 곡물 생산 · 비축 확대 ▲스마트 농업 확산 · 고도화 ▲농식품 수출 100억 달러 달성 ▲공적개발원조(ODA) 등 국제 협력 확대 ▲직불제 확충 및 경영비 부담 완화 ▲농촌 복지 서비스 강화 등으로 되어 있습니다.

문제는 획기적인 성과를 내는 것이고 미래성장동력산업으로 확실하게 자리매김하는 것이 중장기적 과제라고 봅니다. 농촌.농업의 지속발전이 선진대한민국의 선결 과제임을 잊어서는 안됩니다. (2023.01.07.)

고향사랑 기부제

'고향사랑기부제'가 본격 시행되고 있습니다.

저출산.고령화로 인한 지방(농촌)소멸 위기에 대한 대응책으로 마련된 제도인 만큼 농촌지역에 많이 기부되어 농촌지역활성화에 기여되기를 기대해 봅니다.

'고향사랑기부제'는 2021년10월19일에 제정해 올해(2023년)1월 1일부터 시행되고 있습니다.개인의 자발적 기부를 통한 지방재정 확충(지역간 재정 격차 완화), 지역특산품 등을 답례품으로 제공하여 지역경제 활성화가 목적입니다.

주요 내용을 보면

-기부주체/대상 : 개인(법인불가) /주민등록 주소지 외 전국 모든 지자체*

* (예시) 진주시민은 경상남도와 진주시를 제외한 모든 지자체에 기부 가능

-기부 상한액 : 1인당 연간 500만원

- 지자체는 기부금의 30% 이내에서 답례품 제공 가능

-세액공제 : 10만원까지 전액 공제, 10만원 초과분 16.5%* 공제

* (예시) 100만원 기부시 24.8만원 공제(10만원 + 초과분 90만원의 16.5%인 14.8만원)

-위반행위 처벌 : 기부강요·모금방법 위반에 대하여 형사처벌

(2023.01.27.)

양곡관리법

지금 '양곡관리법 개정안'으로 여야가 대립하고 있습니다. 우선(양곡관리법)이 무엇인지 살펴봅시다. .

糧穀管理法은 곡의 효율적인 수급관리와 양곡증권정리기금의 설치 등을 통해 식량을 안정적으로 확보함으로써 국민경제에 이바지함을 목적으로 하는 법입니다. 1950년 2월 법률 제97호로 제정됐으며, 4장으로 나뉜 전문 36조와 부칙으로 이뤄져 있습니다. 당시 제정된 양곡관리법은 ▷양곡을 수출하고자 하는 자는 정부의 허가를 얻도록 했으며 ▷양곡을 밀수출한 자 또는 밀수출하려고 한 자는 사형, 무기 또는 5년 이상의 징역에 처한다는 내용 등을 담고 있습니다. 하지만 1980년대 이후부터 쌀 자급이 이뤄지기 시작하면서 쌀 공급량이 많아지자 쌀 수출을 막으려는 제도의 변화가 요구됐고, 이에 1994년 4월 농림부 장관이 수급 조절을 위해 쌀 수출을 허용할 수 있도록 하는 양곡관리법 개정안이 통과됐습니다.

양곡관리법에서 '양곡'이란 미곡(米穀), 맥류(麥類), 그 밖에 대통령령으로 정하는 곡류(穀類), 서류(薯類)와 이를 원료로 한 분쇄물(粉碎物), 가루, 전분류(澱粉類), 그 밖에 이에 준하는 것으로서 대통령령으로 정하는 것을 말합니다. 또 '정부관리양곡'이란 정부가 민간으로부터 매입하거나 외국으로부터 수입하는 등의 방법으로 취득해 관리하는 양곡이며, '공공비축양곡'은 양곡부족으로 인한 수급불안과 천재지변 등의 비상시에 대비하기 위해 정부가 민간으로부터 시장가격에 매입해 비축하는 미곡과 대통령령으로 정하는 양곡을 말합니다.

추후 지금 거론되고 있는 '양곡관리법 개정안'을 살펴보도록 하겠습니다. (2023..2.02)

우리나라 곡물자급율 갈수록 낮아지고 있습니다.

(2021년 곡물자급률 18.5% '곤두박질, 농식품부, 생체 기준으로 곡물자급률 20.9% 발표)

우리나라 사료용을 포함한 2021년 곡물자급률이 18.5%로 확인되고 있습니다. 하지만 농림축산식품부가 지난해부터 자급률 산정방식을 기존과 다르게 적용, 20.9%로 곡물자급률을 발표하고 있습니다. 어떤 방식이든, 심각하게 낮은 곡물자급률 수치라는 것엔 이견이 없습니다.

농식품부는 지난해 말 2022년 양정자료를 발표하면서 2021년 잠정 곡물자급률을 20.9%, 식량자급률을 44.4%로 발표했습니다. 그런데 자급률 산정기준이 이전과 차이가 있습니다. 농식품부는 '수급자료 정확성과 신뢰성을 높이기 위해 올해부터 밀·서류·기타 등 품목의 일부 통계 산정방식을 개선'한다면서 △밀 수입·수요량에 SPC삼립·삼양제분 실적 반영 △서류(감자·고구마 등)는 그간 건체중(완전건조 중량) 기준으로 집계하던 것을 '생체중(수분 포함 중량)' 기준으로 변경했다고 밝혔습니다. 산정기준을 달리하다 보니 서류의 중량이 증가해 전체 자급률이 상승하고 1인당 서류 소비량이 증가하게 됐습니다. 지금까지의 곡물자급률과 식량자급률 산정방식(건체중)을 적용하면 2021년 곡물자급률은 18.5%, 식량자급률은 40.5%로 역대 최저입니다. 식량안보에 빨간불이 계속되고 더 심각해지고 있습니다.

자급률을 높이기 위한 정책과 제도인데, 생산과 판매를 안정적으로 하는 구조가 만들어져야 한다는 농민단체들의 우려하는 목소리입니다. 식량자급률.곡물자급률 높이는 대책 시급합니다.

(2023.02.10.)

농촌소멸의 위기

농업이 어렵습니다. 농촌이 소멸될 위기입니다. 기후변화.인구감소등 환경의 급격한 변화로 농업.농촌은 타격이 큽니다. 농업.농촌의 위기를 방치해선 안 됩니다. 농업은 우리의 가장 소중한 생명 산업입니다. 농촌은 환경을 자키는 소중한 공간입니다. 여러 변화에 취약한 농업.농촌은 정부.관계기관이 중장기적 대책을 마련해 주어야 합니다. 농업.농촌에 밝은 미래상을 만들어 주어야 합니다. 농업인에게 희망을 만들어주어야 농촌에 젊은이들이 정착하게 됩니다. 이것은 국민 모두가 관심을 가지고 농촌.농업지속발전에 관심을 가져야 합니다. 농촌.농업을 살려야 하는 당위성은 선신 내한민국이 되는 충분조건입니다. (2023..2.10)

농업이, 농촌이 위기인 가장 큰 이유는 농촌에 젊은이들이 없다는 것입니다. 농업인.여타국민.정부.관계기관 모두가. 농촌.농업에 대한 관심을 가져야합니다. 우리의 생존과 직결된 부분이니까요.

농업의 위기에 대한 기사를 옮겨놓았습니다.

(중략)" 40세미만 농업경영주는 1%대에 불과!

통계청의 '2020 농림어업총조사'에 따르면 전체 농가 인구 중 60대 이상이 57.0%를 차지하며 2030 세대는 11%(28만 3천 명)에 불과하다. 게다가 40세 미만 청년 경영주 가구의 비중은 고작 1.2%(1만 2천 가구)에 지나지 않는다.

산업화 이후 한국 사회는 급속한 경제 발전을 위해 농촌보다는 도시를 중시했다. 농촌을 떠나 도시로 가는 것이 장려됐다. 또 도시 노동자들의 임금 인상을 억제하기 위해 농작물은 싸게 공급되어야만 했다. 부담은 농민들에게 고스란히 돌아갔다. 1990년대 들어 농산물 시장이 개방되면서 값싼 수입 농산물이 들어왔고, 농가 소득은 더욱 낮아졌다. 게다가 정부는 농업의 규모화, 시설화를 추진하며 소수의 대농(大農)과 농업 관련 기업만이 돈을 벌 수 있는 구조를 만들었다.

농가 소득은 2019년 기준으로 도시가구 소득(2인 이상)의 62.2%인 상황이다. (한국농촌경제연구원, '2020년 농가경제의 실태와 변화요인') 더욱 심각한 건 농가 소득 중 농사와 직결되는 '농업'으로 벌어들인 소득만 따지면 24.9%에 불과하다는 사실이다. 이제 농촌에서 나고 자란 청년은 농사를 이어받지 않고 도시로 떠난다. 힘들게 농사지어도 먹고살기 힘든 구조에서 부모 또한 자식에게 농사를 물려주려 하지않는다.

농민들이 농사를 짓지 않고 청년들은 농촌을 떠나 농촌 공동체가 붕괴되고 있는데, 개발 자본은 농지를 투기와 개발의 대상으로 삼고 있다. 도로와 주택, 산업단지 건설 등으로 1년에 전체 농지의 1%씩 감소하고 있는 실정이다.

한국 사회가 발전주의에 갇혀 도시화와 산업화만을 추구하며 농업과 농촌을 등한시해 온 결과는, 이렇듯 '농촌의 소멸'로 드러나고 있다.

어느 의식있는 농업인은 "지금 상황이 심각한 것에 견주어 정치권이나 시민들이 위기감을 못 느끼는 것 같다."고 말한다.

"경제가 어떻고, 부동산이 어떻고, 그래서 나라가 무너진다 이런 얘기는 계속해도 농업과 먹거리에 대해서는 위기감이 없는 것 같아요. 진짜 마트에서 감자 하나 가지고 몸싸움을 해 봐야 정신을 차릴까요?"

한국은 쌀 이외의 대부분 작물을 수입에 의존하고 있는데, 이제 고령의 농민들이 돌아가시고 기후위기 등으로 식량 수급이 불안정해져 다른 나라들이 문을 걸어 잠그면, 한국인들은 그야말로 “밥이랑 배추, 소금만 먹고 살아야 할 수도 있다”라고 “극소수의 부유층만 신선한 농산물을 먹을 수 있는 날”이 먼 미래의 이야기가 아닐 수도 있는 것, “나라가 비상이 걸릴 거다”라는 말을 한다며, 시민들이 “먹거리에 대해 너무 당연하게 생각하는 게 안타깝다”라고 말한다.”

(2023.02.12.)

어제(2023년2월21일) 청정 남해바다가 보이는 하동 노량에서 ‘위기의 농어촌’ 살리는데 뜻을 모으자는 ‘복지농어촌시민단체’ 결성을 위한 준비모임을 가졌습니다. 오는 5월 중순경 창립대회를 가질 예정입니다. 밴친님들의 동참을 구합니다. 뜻이 있는 분들께선 연락주시길 바랍니디. (2023..2.22)

복지농어촌운동 취지문

★복지농어촌운동취지문★

농업이 위기입니다. 농촌이 소멸될 위기입니다.

기후변화.인구감소등 환경의 급격한 변화로 농업.농촌은 타격이 큽니다.

농업.농촌의 위기를 방치해선 안됩니다.

농업은 우리의 가장 소중한 생명산업입니다.

농촌은 환경을 자키는 소중한 공간입니다. 여러 변화에 취약한 농업. 농촌은 정부. 관계기관이 중장기적 대책을 마련해 주어야합니다. 농업.농촌에 밝은 미래상을 만들어주어야 합니다.

농업인에게 희망을 만들어주어야 농촌에 젊은이들이 정착하게 됩니다.

이것은 국민 모두가 관심을 가지고 농촌. 농업지속발전에 관심을 가져야합니다.

농촌. 농업을 살려, 지속. 발전시켜야 하는 당위성은 선진 대한민국이 되는 충분 조건입니다.

이에 우리 (사)GAP영남협의회는 '복지농어촌만들기운동'에 앞장서기로 했습니다.

2023년 2월21일 복지농어촌운동 준비위원일동

(2023.02.25.)

프랑스 혁신 농업

농업에도 혁명이 일어나고 있습니다. 다음은 프랑스의 혁신하는 농업을 소개한 것입니다.

"생산량 216배 많다" 흙 없이 농사 짓는 佛농장의 혁신 비결은?

[유럽농장 르포]

흙 없는 농사로 생산성 216배 달성, 혁신 거듭하는 프랑스 농업

유럽의 농업강국 프랑스, 농업용수 97% 절감하고, 작물 이동거리는 90% 줄어, 친환경 인식 자리잡아 급성장!

프랑스 파리 외곽에서 도심 농장을 운영하는 기업 샹프르셰의 직원이 수경재배로 기르고 있는 농작물을 관리하고 있다. _정의진 기자

지난달 31일 프랑스 파리 에펠탑에서 북서쪽으로 11km 떨어진 외곽도시 사르트루빌르. 한국 아파트 단지와 유사한 모습인 이곳 공동주택의 지하엔 햇빛 한 줄기, 흙 한 줌 없이 농사를 짓는 기업 '샹프레셰(Champerché)'의 도심농장이 있다. 프랑스 최초로 유기농 기법이 도입된 도심농장이자 농업 강국 프랑스에서 단위 면적당 생산성이 가장 높은 농장이다.

농업용수 사용량 97% 절감

굳게 닫힌 철문을 열고 입구로 들어가니 직원 3명이 양상추, 바질, 파슬리 등 각종 채소를 분주히 포장하고 있었다. 모두 이곳 시멘트로 이뤄진 공장 같은 농장에서 흙도, 햇빛도, 계절 구분도 없이 길러 수

확한 작물들이다.

프랑스 도심농장 샹페르셰 입구에서 직원들이 수확한 작물들을 포장하고 있는 모습. _정의진 기자

게놀라 당잔 샹프레셰 공동설립자는 "이곳 지하 도심농장의 면적은 700㎡로, 지난해 1년간 30여 종의 작물을 총 20t 생산했다"며 "동일한 농작물을 전통적인 방식으로 야외에서 생산하는 것보다 단위 면적당 평균 생산량이 216배 많다"고 말했다.

게놀라 당잔 샹페르셰 공동설립자가 프랑스 파리 외곽에 있는 도심농장에서 기자에게 유기농 수경재배에 대해 설명하고 있다.

_정의진 기자

비결이 뭘까. 당잔 설립자는 샹프레셰 도심농장의 '심장'이라며 사람 키만한 높이의 물탱크가 16개 놓인 방으로 기자를 안내했다. 각각의 물탱크엔 작물별로 필요로 하는 유기화합물과 물의 비율을 달리 배합한 이곳만의 농업용수가 가득 들어차 있었다. 이 농업용수는 천장과 벽에 고정된 검은색 튜브를 타고 30개 농작물이 자라는 10개의 방으로 저마다 연결돼 주기적으로 농작물에 자동 분사된다.

클레멩 델옴므 샹프레셰 엔지니어는 "샹프레셰가 2017년 설립된 이후 5년 동안 끊임없는 연구개발(R&D)을 통해 작물마다 최고의 품질로 가장 빠르게 자라는 데 필요로 하는 비료와 물의 양을 파악해냈다"며 "작물마다 딱 필요한 만큼의 물과 비료만 사용하기 때문에 전통적인 방식의 야외 농업 대비 농업용수 사용량을 97% 줄였다"고 설명했다.

'친환경' 트렌드 타고 도심농장 급성장

최근 프랑스에선 이 같은 도심농장이 '친환경' 기조와 맞물려 빠르게 성장하고 있다. 농업용수 사용량의 획기적 절감은 물론, 재배된

농작물이 수요처인 도심으로 이송될 때 트럭이 이동해야 하는 거리가 지방 농지에서 배송될 때와 비교해 짧기 때문이다.

델옴므 엔지니어는 "프랑스의 야외 재배 농산물은 최종 수요처로 도달하는 데까지 평균 700km 이동하지만, 샹프레셰 도심농장 작물들의 이동거리는 평균 7km에 불과하다"며 "소비자 사이에 도심농장 제품이 친환경적이란 인식이 확실하게 심어진 덕분에 2020년 손익분기점을 넘었고, 매출도 매년 10%씩 성장하고 있다"고 말했다.

기자가 방문한 '큐레트 어바인(Cueillette Urbaine)'의 도심농장은 파리 동쪽 외곽의 한 건물 옥상에 있었다. 800㎡ 규모의 이 도심농장은 50개의 작물을 연간 2t 생산하는 곳으로, 옥상에서 재배한 작물은 건물 1층에 자리잡은 요리학교와 인근 식당으로 판매된다. 큐레트 어바인은 프랑스 전역에 6곳의 옥상에 도심농장을 운영하며 2021년 52만유로(약 7억원)의 매출을 올렸다.

영상 5도 안팎의 추운 날씨에도 옥상에서 여전히 자라고 있는 머스타드 잎은 흙이 아닌 인공 점토구슬 속에서 자라고 있었다. 인공점토는 영구적 재사용이 가능하다. 파울 루셀린 큐레트 어바인 대표는 "여름엔 단순히 농작물을 재배해 파는 데 그치지 않고 일종의 '아틀리에'로 옥상을 운영하고 있다"며 "아틀리에 수입이 농작물 판매액보다 더 많다"고 말했다.

(2023.02.26.)

조합장 선거

오는 3월8일 전국동시조합장선거가 실시됩니다. 우리농.어촌의 근간이라고 할 수 있는 협동조합의 조합장선거는 정말 중요한 선거인데, 선거제도가 후보자들의 공정한 경쟁과 유권자들의 합리적 선택을 방해하고 있기 때문입니다.

전국 동시조합장선거의 근거법인 「공공단체등 위탁선거에 관한 법률(위탁선거법)」은 혼탁한 선거문화를 정돈하기 위해 만들어졌지만 선거운동을 과도하게 제한한다는 문제를 안고 있습니다. 선거운동을 할 수 있는 건 후보자 본인뿐이고 기간은 선거일 직전 겨우 13일입니다. 공개석상 연설이나 후보자 대담·토론회는 고사하고 공약서 한 부, 현수막 한 장도 만들 수 없다고 합니다. 후보자의 견해가 추상적으로 담긴 한 장짜리 공보물이 유권자들에게 주어지는 정보의 전부인 것입니다.

그 외엔 후보자가 조합원들에게 열심히 명함과 전화·문자를 돌릴 뿐입니다. 다만, 현직 조합장이 아닌 후보자는 전체 조합원 명단을 파악할 수 없도 없다는 것입니다. 누가 유권자인지도 모른 채 손에 닿는 대로 인사를 해야 한다는 것입니다. 반면 현직 조합장은 조합원 명단을 갖고 있을 뿐 아니라 직무 과정에서 사실상 상시적인 자기 홍보가 가능하기 때문에, '기울어진 운동장'이라는 비판도 있습니다.

아무튼 조합장선거는 폐쇄적인 선거제도로 오히려 부정선거를 조장한다는 지적입니다. 4년뒤 조합장선거에서는 공정성이 보장되고 조합원들이 후보자를 충분히 검증할수 있도록 법개정이 이루어지길 바랍니다.

(2023.03.04.)

스테비아농장

농업은 헤아릴 수 없는 큰 공익적 가치를 담당하고 있습니다. 농업의 공익적 가치중에서도. 우리의 큰 문제인 기후변화에 대처할 수 있게 된다는 것입니다

농업의 기본인 흙은 탄소를 흡수하는 역할을 담당하고 있습니다. 탄소 배출을 줄이는 것도 중요하지만 이미 배출된 탄소를 흡수하는 것도 중요합니다. 실질적 탄소 배출량을 0으로 만드는 것을 우리는 탄소중립이라 하는데 흙이 갖고 있는 탄소 포집 능력은 대기 중에 있는 탄소량의 3배 이상을 함유하고 있다고합니다. 흙을 살리는 것이 기후변화에 대응하는 가장 기본적인 방법일 것입니나. 그러기 위해서는 농약 사용의 자제가 절실합니다. 그렇다고 비료만으로 농사를 짓기란 쉽지 않습니다.

어제(2023년3월16일) 대구 근교에 있는 '스테비아 농장'을 견학하고 왔습니다. 아직 우리의 농업소득을 주도할 수 있는 농산물이 없는 상황이라 이것 저것 검토해봅니다.시민단체로서 '복지농촌운동'을 전개하면서 제일 중요한 것이 농업소득을 안정적으로 지탱해주는 작목이 무엇일지 심사숙고해 보는 것입니다. '스테비아'는 원산지가 파라과이. 브라질. 아르헨티나 인데 우리나라 환경에도 맞는 작물이고 당뇨. 고혈압의 주원인 설탕 대체제로 관심을 받고 있습니다.

향후 이것의 보급에 관심을 가져보려합니다.

(2023.03.17.)

농어촌복지운동

농촌이 유지발전되어야 선진대한민국이 됩니다. '복지농어촌운동'이 시작되었습니다. (사)GAP영남협의회가. 위기의 농어촌에 국민모두가 관심을 기져주시길 바라는 마음으로 이 운동을 시작했습니다.

정부에 '젊은 농어업일꾼 10만명양성'을 청원합니다. 이 일꾼들에겐 200-300만원의 월급을 주어 농어촌을 유지발전시키는 일을 시키는 것입니다. 이것을 실행하는 것은 정부와 관계기관의 의지만 있으면 충분히 가능한 일입니다. 향후 '복지농어촌운동'이 이의 실현을 위해 노력할 것입니다. 밴친 여러분의 응원을 부탁드립니다. (2023.03.22.)

어제(3월25일 토요일) '건강도시'라는 제목의 세미나에 참석했습니다. 많이 배우고, 많은 생각을 하는 시간이었습니다. 우리가 진행하고 있는 '복지농어촌운동'과 상통하는 개념이라 관심을 가지고 참여해 볼 생각입니다.

(2023.03.26.)

저희 사단법인 GAP영남협의회가 '농어촌복지운동'을 시작했습니다.복지(福祉, 영어: welfare)는 좋은 건강, 윤택한 생활, 안락한 환경들이 어우러져 행복을 누릴 수 있는 상태를 말합니다. 복지를 제공하는 것을 체제의 가장 중요한 기능 가운데 하나로 삼는 국가를 복지국가라고 합니다. 우리나라도 복지국가임엔 틀림없지만. 우리 농촌은 아직 복지사회라고 할 수없습니다. 향후 농촌이 어느정도 복지사회가 되어야 명실공히 복지국가라 할 수 있습니다. 하여 저희들이 작은 힘이지만 관계기관에 호소하고 우리 자신도 나름 노력을 하려고 합니다.

(2023.03.28.)

오늘 식목일이자 청명입니다.

청명(淸明)은 24절기 중 하나이자 다섯 번째 절기에 속하며, 봄철에 존재하는 절기입니다.

청명은 음력으로는 3월에, 양력으로는 4월 5~6일 무렵에 듭니다.

청명(淸明)이란 하늘이 차츰 맑아진다는 뜻을 지닌 말인데 우리네 농업인들이 농사를 준비하는 때입니다.

어쨌거나 풍년이 되어야 합니다.

(2023.04.05.)

농촌에 희망을 만들어야 합니다. 땅을 갈아 씨앗을 뿌리는 농업인의 마음으로 척박한 농업 현실을 갈아 희망의 씨앗을 뿌려야 합니다 농업·농촌에 희망을 만들기 위해서는 단순한 의욕만으론 안 됩니다.

정부, 관계기관 그리고 농업인, 정치권이 하나가 되어야 합니다.

지금처럼 갈기갈기 찢어진 상태로는 힘듭니다.

우리 농업인은 순수한 마음으로 땅을 가꾸고 씨를 뿌리면 정부는 농산물에 대한 대외협상력을 키워주고 정치는 여야 같은 생각으로 농업의 경쟁력을 키워줄 수 있는 법을 만들어주어야 합니다.

바라건데 농촌 농업을 유지발전시키는데 단일대오를 갖추어주길 바랍니다.

(2023.04.10.)

주 소득원

우리의 농업에 주 소득원이 없습니다. 네덜란드의 화훼. 덴마크의 낙농. 우리 대한민국은 무엇이 좋을가요? 무슨 농업이 우리네 농업소득을 안정적으로 유지 발전시킬 수 있을지 고민해 보는 자리 '복지농어촌운동' 입니다.

농촌에 삶의 질을 높이는 방안은 없나요?

함께 고민해 보는 '복지농어촌운동'을 시작합시다. 밴친님들의 참여를 바랍니다.

(2023.04.24.)

제2의 주식이 된 밀의 자급율이 1% 미만입니다.

연간 수요량은 200만톤이 넘는데 생산량은 2만톤 정도입니다.

밀 자급율을 높인다는 계획은 하고 있지만 실효성 있는 정책의 부재로 오히려 뒷걸음치고 있습니다.

국내 밀 자급률은 ('16)1.8%, ('17)1.7%, ('18)1.2%, ('19)0.7%, ('20)0.8%로 지속적으로 하락해 왔으며, 2016년 대비 2020년 국내 밀 생산량은 3만 8천톤에서 1만 6천톤으로 절반 이상 감소한 것으로 나타나고 있습니다

(2023.04.27.)

(주)백팜(대표 백주석)이 진주 집현에서 '스테비아'농장을 출발시켰습니다. 우리 농업의 주 소득원으로 가능하도록 노력해 보겠습니다. 농업이 살고 농어촌이 지속 발전되어야 선진 대한민국이 됩니다.

(2023.05.05.)

농심은 천심

농심은 천심입니다. 오늘(5월11일)은 동학농민혁명 기념일입니다.

1894년 동학농민군과 관군이 황토현(전북 정읍에 있는 고개) 일대에서 최초로 전투를 벌여 동학농민군이 대승을 거둔 날입니다. 황토현 전승일이 전봉준, 손화중, 김개남 등 동학농민군 지도부가 조직적으로 관군과 격돌해 최초로 대승한 날로, 이 날을 계기로 농민군의 혁명 열기가 크게 고양되었고, 이후 동학농민혁명이 전국적으로 전개될 수 있는 중요한 동력이 되었습니다. 동학혁명은 맨주먹인 농민도 폭정으로 생활이 어려우면 분연히 일어서서 대항한다는 것을 보여준 예입니다 순수한 토심을 간직한 농심은 천심과 통합니다. 정부나 관계기관이 농촌.농업이 유지 발전되어야 선진 대한민국이 된다는 믿음으로 농촌.농업발전에. 집중해 주길 기대합니다.

(2023.05.11.)

찔레꽃을 보며 옛날을 그리고, 향수에 젖습니다.

흙속에서 보물도 찾아봅니다. 소득작목 '스테비아'를 심고 있습니다. 우리농업의 보물이 될것 같습니다. 화분도 만들어서 홍보.판매하고 있습니다. (2023.05.14.)

'복지농어촌본부'에서는 우리농업의 주요한 소득작목으로 '새싹삼'과 '스테비아'를 선정해 놓고 갖가지 생육실험을 하고 있습니다. 확실한 소득작목이 있어야 복지농촌이 실현될 수 있습니다.

기대와 관심바랍니다.

(2023.05.16.)

오는 5월20일(토요일) 오후 2시-3시. 하동악양명품관(악양면 신성리 531-5)에서 '복지농어촌운동' 창립총회를 합니다. 중요한 농업소득원으로 '스테비아'를 선정하여 설명회도 합니다. 누구라도 오셔서 회원으로 등록하시고 좋은 정보도 공유하는 자리가 되겠습니다. 오셔서 함께 농촌.농업의 희망을 찾아봅시다.

(2023.05.18.)

어제(5월20일). 복지농어촌운동 창립! 힘차고 멋지게 출발했습니다. 소기의 목적 달성을 위해 노력하겠습니다.

협조 기대합니다 . 만사형통입니다.

(2023.05.21.)

농촌의 복지는 농업소득이 안정적으로 실현되어야 합니다.

저희 '복지농어촌운동' 본부에서는 시범농장에 '스테비아' 3천3백평방미터(천평)을 심었습니다. 활착이 좋은 식물이라 착근이 잘 되었습니다. 향후 '스테비아'가. 중요한 농업소득원이 되리라 믿습니다.

(2023.05.29.)

쌀의 중요성

감사합니다. 우리의 소중한 쌀이 천덕구리가 되고 있습니다. 우리의 쌀 재배면적이 약70만 ha정도인데 면적을 줄여야 된다고 야단법석입니다. 우리 '복지농어촌운동'에서는 우리쌀의 소비를 늘리는 홍보를 해야 합니다.우리의 쌀은 우리의 생명입니다. 행복한 일에 우리는 함께가고 있습니다. 우리의 젊은이들에게도 밥의 중요성을 가르쳐 주어야 합니다.

(2023.06.03.)

장마가 시작되고 많은 비가 내립니다. 우리 농촌은 비가 많이 와도 문제, 안와도 문제라 항시 걱정입니다 . 홍수피해는 사고가 많아 마음조리며 대비해야합니다. 자연에 순응해야 합니다. 자연파괴를 일삼는 우리 인간의 과잉행위가 큰 화를 불러옵니다.

자연보호. 자연앞에 겸허하게 대처하는 지혜를 가져야합니다

(2023.06.28.)

우리의 주식인 쌀에 대해 너무 모르고 있습니다. 심지어 쌀이 천덕구러기로 전락하는 어처구니 없는 일들이 벌어지고 있습니다.

쌀은 우리민족의 생명줄입니다. 다시 우리쌀의 중요성을 알고 주식으로서 소중하게 생각해야합니다.

쌀의 효능은 공기나 물처럼 그 가치를 알아야 합니다

쌀, 밥은 식사로 좋을 뿐만 아니라 여러모로 몸에 좋습니다. 밥을 먹으면 신경계와 심혈관계에 도움이 됩니다.

세계적으로 가장 일반적으로 먹는 음식인 밥은 여러 가지 요리에

잘 어울리는 식량입니다.

쌀의 기원에 관해서는 논쟁이 많긴 하지만 중국 쪽 아시아 영토라고 할 수 있습니다. 쌀은 지구에서 두 번째로 많이 재배된 곡물이며 옥수수 다음으로 많은 곡물입니다. 우리에겐 무엇보다 소중한 곡물임을 알아야 합니다.

쌀의 효능에 대해 알아보겠습니다.

-탄수화물이 풍부하다.

쌀은 탄수화물이 풍부한 식품 중 하나이다. 일상생활을 하는 데 필요한 연료가 되는 미량 영양소이다. 다른 말로 표현하면 탄수화물은 신체적인 활동을 하기 위해 신체가 필요로 하는 에너지원이다.

또 쌀에는 비타민 B3, B6, B9가 함유되어 있다. 비타민 B3는 DNA 재생을 돕고 체내 독소를 제거하며 몸을 정화해 준다. 비타민 B6는 건조해지는 것을 예방해 주며 세포를 보존해 주고, 빈혈이 생기는 것을 예방해 준다.

그리고 비타민 B9은 신경계 발달과 직접 관련되어 있어 우리 몸에 에너지를 제공해 지치지 않도록 해준다. 콜레스테롤을 제거해 주는 효과도 있다.

-염증을 감소한다.

쌀 껍질은 이뇨 효과가 있어서 껍질도 같이 먹는 것이 좋다. 이뇨 효과가 있다는 것은 여러 가지 위장 문제의 치료 효과가 있다는 뜻이다. 섬유질이 풍부해 진정 작용을 해준다. 또 전분도 함유되어 있어 과도하게 많아진 액체를 제거하는 데도 도움이 된다.

이 전분은 장내 식물과 결장에 좋은 저항성 전분으로 알려져 있다. 결과적으로 우리 몸은 지방을 더 빨리 소모할 수 있게 된다. 밥은 설사를 예방하기 때문에 장에 정말 좋은 요리가 된다고 할 수 있다.

-심장에 좋다.

혈압을 낮추는 데 도움 되는 식단을 보면 항상 밥이 들어가 있다.

나트륨 함량이 낮아 혈액 순환이 잘 되게 하고 혈압도 낮출 수 있다. 그뿐만 아니라 스트레스도 감소하여 심장에 정말 좋다는 뜻으로 해석할 수 있다.

쌀겨기름은 쌀에서 추출한 제품으로 심혈관 건강을 강화시켜 주는 심혈관 성분이 함유되어 있다. 피부에도 좋은 쌀의 효능, 쌀겨기름도 피부에 좋다. 아시아에서는 쌀겨기름을 상어 간 기름 대신 사용하기도 한다. 이 오일은 콜라겐 생성을 증가하고 주름이 빨리 생기지 않도록 해준다. 쌀겨기름을 태양 광선으로부터 보호하는 목적으로 사용해도 효과가 좋다.

-암과 쌀의 관계

한때는 그냥 신화처럼 여겨졌지만 최근 과학적으로도 입증되었다.

쌀을 깨끗하게 씻는 것과 암 예방 사이에 어떤 관련이 있다는 점이다. 제대로 씻지 않고 요리하면 쌀을 더 빨리 새배하려고 사용한 살충제가 남아있을 수 있다. 이런 살충제 성분을 먹으면 당연히 끔찍한 질병이 생길 수 있다.

비소 성분은 여러 가지 합병증을 일으킬 수 있다. 물에 쌀을 넣고 끓여야 하는 이유가 여기 있다.

-만드는 방법

밥을 끓인다. 그 이후에 시금치를 넣고 조금 있다가 크림치즈를 넣는다. 소금과 후추를 뿌리고 잘 섞어 먹는다.

-몸에 좋은 쌀 우유

쌀을 요리할 때 생기는 '쌀 우유'는 최근 몇 년간 인기를 얻고 있다. 쌀 우유는 피부와 머리카락에 좋을 뿐 아니라, 설사와 같은 증상들을 완화하는 효능을 가지고 있다. 비타민과 무기질이 풍부한 쌀 우유는 어지럼증, 구토 증세를 완화하고 모유 생산도 돕는다. (2023.06.29.)

농촌은 호구가 아니다

우리의 먹거리에도 빠른 변화가 예상되고 있습니다. 요즈음 '푸드테크'란 용어가 회자되고 농업정책도 푸드테크에 맞춰지고 있습니다. 식품산업이 정보기술(IT)통신 기술과 만나 탄생한 '푸드 테크'(FoodTech) 입니다. 코로나19 사태로 산업 전반 디지털화가 진행되면서 식품 시장에도 기술 전환에 속도가 붙었기 때문입니다. 특히 ESG(환경·사회·지배구조) 경영이 주요 화두로 떠오르면서 친환경 전환에 앞장설 수 있는 푸드테크는 사회 다수 문제를 해결할 열쇠로 보고 있습니다.

'푸드 테크'는 음식을 뜻하는 Food와 기술을 뜻하는 Technology의 합성어로, 식품과 기술(ICT 등)이 접목된 신 산업분야를 뜻합니다. 4차 산업혁명이라 불리는 인공지능(AI), 사물인터넷(IoT), 3D프린터, 로봇 등 기술들이 고도화됐고, 식품 및 외식산업에도 새로운 서비스 패러다임이 도입됐습니다. 식품 생산부터 제조, 요리, 가공, 유통, 배송 등 모든 과정을 데이터화해 이를 활용하는 스타트업들이 생겨났을뿐 아니라 실험실에서 키운 대체식품이 개발되는 등 다양한 방식으로 확대되고 있습니다.

(2023.06.30.)

"농촌은 호구가 아니다" 농촌에 사시는 분들께서 외치는 소리입니다다. 우리의 농업인구는 자꾸만 줄어들고 있습니다. 250만 정도입니다. 이렇다보니 정치권이 농촌을 우습게 봅니다. 표가 적으니 마음대로 휘젓고 있습니다. 폐기물처리장등 협오시설을 농촌에 설치하여 그나마 청정지역인 것이 최고의 장점이었는데 그것 마 져 박탈당하고 있다는 것입니다. 정치하는 분들 정신 좀차려서 “농촌이 살아야 나라가 산다”는 것을 상기해주시길 바랍니다. 이제는 표가 문제가 아닙니다. 농촌이 유지발전되지 못하면 국가적 위기가 온다는 것을 알아야 합니다.

(2023,07.02)

얼마 전 1명의 농민이 과거 26명의 국민 먹거리를 생산했다면 현재는 155명의 먹거리를 생산 중이고 2050년엔 265명의 먹거리를 생산해야 한다는 통계를 봤다. 그만큼 현재 대한민국의 식량을 생산하는 농민들이 최대의 위기를 맞고 있다는 것이다.

(2023.07.09.)

우리의 소중한 농토를 지겨야합니다.

식량안보는 식량자급율을 높이는 것이 우선입니다. 그런데 식량생산기반인 농토가 농지전용으로 매년 줄어들고 있습다. 식량을 생산하기 위해 존재해야 하는 농지를 식량 생산이 아닌 다른 용도로 사용하는 것이 곧 농지전용입니다. 농지법 제34조(농지의 전용허가 협의)에 따라 농지전용을 하고자 하는 사람은 허가를 받아야 하지만 농지전용 추세를 보면 보전보다는 개발에 더 관대해 보입니다. 농지전용 허가 권한은 농식품부장관이 갖고 있지만 전용하는 면적에 따라 시·도지사나 시장·군수에게 이를 위임하고 있습니다.

농지에 농사를 짓는 것보다 다른 용도로 전용해서 판매하는 것이 더 큰 이익이 남기 때문에 농지전용은 개인 사유재산을 증대시키는데 유용한 수단이 되고 있습니다. 안정적 식량 생산을 지켜내기 위해 기본적으로 유지돼야 할 농지 규모가 있는데 농지전용이 지금처럼 쉽게 되도록 내버려 둔다면 농지는 금새 사라져 버릴 수밖에 없습니다.

농업문제의 가장 핵심은 농토입니다. 농지문제가 해결되지 않으면 아무리 좋은 정책이 만들어진다고 해도 농업·농업인이 발전.이행될 수가 없습니다. 영농에 종사하는 농업인을 위해 시행해야 하는 제도가 자칫 농지를 소유한 부재 지주를 위한 정책이 될 수 있기 때문입니다.

농지전용은 거의 할 수 없을 정도로 규제되어야 합니다. 농토는 반드시 지켜야합니다.

(2023.08.25.)

보리와 쌀

보리와 쌀이 이렇답니다. 자연의 오묘한 조화가 놀랍습니다.

쌀은 여성(女性)의 성질을 가지고 있고, 보리는 남성(男性)의 성질을 지니고 있다. 그러므로 쌀에는 수염이 없으나, 보리에는 수염이 있다. 그리고 쌀밥은 부드럽고 감미로워서 먹기가 좋으나, 보리밥은 거칠고 쌀밥처럼 달콤하지 않다.

조물주의 섭리는 참으로 오묘해서 "물과 불"은 서로 상극이면서도 물과 불이 만나지 않고서는 아무 것도 이룰 수 없게 섭리해 놓았다.

女性과 밭은 화성(火性)이며, 男性과 논은 수성(水性)인데, 남성인 '보리'는 화성(여성)인 '밭'에서 생육하고, 여성인 '벼(쌀)'는 수성(남성)인 '논'에서 생육한다.

남성은 여성의 "밭"에서 생존하며, 여성은 남성의 "논"에서 생존할 수 있음은 재미있는 현상이다.

이는, 곧 남녀 간에 서로 다른 이성이 없이는 "정상적인 삶을 영위" 할 수 없음을 보여준다. 또한 흥미로운 것은 여성인 벼(쌀)는 어릴 때부터 생장한 묘판에 그대로 두면 벼 구실을 하지 못하므로 반드시, 남성의 집인 논으로 옮겨 심어야 하고, 남성인 보리는 싹이 난 바로 그 자리에서 옮기지 않고 계속 살아가게 된다.

이들 생태는 여성은 시집을 가서 살아야 정상적인 여자 구실을 할 수 있고, 남성은 성장한 자기 집에서 살아가는 것이 정상임을 일깨워 준다.

여성들의 가장 큰 비애(悲哀)가 "시집가는 일"이라고도 할 수가 있으나, 이것은 조물주의 깊은 뜻에 의한 섭리임을 깨달아야 한다.

世上에는 간혹 아들이 없거나, 재물이 많으면 딸자식을 내 집에 두고 사위를 맞아들여 살게 하는 부모들을 볼 수 있는데, 이렇게 되면 딸은 여자의 구실을 할 수가 없으며, 위 또한 남자의 구실을 제대로 할 수가 없게 된다.

벼와 보리는 어릴 때는 꼭 같이 고개를 숙이지 않으나, 익을수록 벼(여자)는 고개를 숙이지만, 보리(남자)는 익어도 고개를 숙이지 않는다.

그래서, 보리의 성(性)을 지닌 남성은 젊어서나 늙어서나 아내에게 고개를 쉬 숙이지 않는 天性이 있지만, 여성은 나이가 들고 교양이 있어 속이 찬 여인은 스스로 자신을 낮추는 미덕(美德)을 갖게 되며, 런 여성의 품성을 갖춘 여인을 현모양처(賢母良妻)라고 한다.

이렇듯 女性인 벼는 익을수록 고개를 숙이듯 나이든 여성들은 남성들의 천성(天性)을 체험을 통해 이해하게 되므로 머리를 숙이듯이 이해하고 참아준다.

女人의 그런 품성 덕분에 가정(家庭)에 평화(平和)가 있고, 변함없는 부부(夫婦)의 애정(愛情)을 지킬 수가 있다.

시간이 지나도 꼿꼿하게 고개를 숙이지 않고 서 있는 벼 이삭이 제대로 여물지 못한 쭉정이가 되듯이 숙일 줄 모르는 여인 또한 속이 차지 못한 경우가 대부분이다.

가화(家和)의 바탕은 아내에게 달려있다. 남편을 굴복시키려는 생각이나 맞서려는 생각보다는, 익은 벼가 머리를 숙이듯이 져주면서 미소(微笑)와 애교(愛嬌)라는 부드러운 무기를 사용한다면 아내에게 굴복하지 않을 남편은 아마도 세상에 없을 것이다.

(2023.08.29.)

귀농과 귀촌

감사합니다. 억수같이 오는 빗속에서도 '경남 농산물 농식품 특별판매전)'은 관계기관의 협조속에서 잘 마무리 했습니다. 농촌.농업을 유지 발전시켜야 한다는 일념으로 작은 전진을 해봅니다. 정권영 사무총장을 비롯한 참여농업인. 식품 생산자분들 그리고 도우미분들 정말 수고하셨습니다.

(2023.09.18.)

요즈음 귀농과 귀촌에 대한 관심이 높아지고 있습니다. 그런데 헷갈리는 경우가 많아 정리해봅니다. 귀농은 도시에서 회사원이나 자영업 등의 다른 일을 했던 사람이 하던 일을 그만두고 농사를 짓기 위해 농촌으로 가는 행위를 말합니다. '돌아가 농사짓게 함'이라고 보면 되겠습니다.

현행법상 귀농자는 도시에서 1년 이상 거주하고 있던(주민등록이 되어 있던) 사람이 농업 활동을 하기 위해 농촌지역(읍, 면)으로 이주한 뒤 전입신고를 하고, 농업경영체에 등록한 사람을 뜻합니다. 귀촌자는 이주 직전 다른 곳에서 1년 이상 주민등록이 되어 있던 사람이 농촌 지역으로 이주를 한 뒤 전입신고를 한 사람을 의미합니다.

농촌으로 이주하는 것은 귀농.귀촌 공히 같은데 귀촌은 농업과는 관련없이 농촌으로 이주해 사는 것을 말합니다. 아무튼 귀농.귀촌자분들이 성공 정착을 할 수 있도록 정부를 비롯한 관련기관의 관심과 지원이 필요합니다.

(2023.10.8.)

지역균형발전을 위해서 귀농.귀촌이 성공해야 합니다. 귀농.귀촌 성공요건 몇가지를 요약해 봅니다.

1. 귀농정보의 충분한 수집

2.가족들과의 충분한 대화로 동의를 얻어야 함

3.농업소득을 위한 작물선정

4.사전에 영농기술을 익혀야함

5.맞는 정착지 선정

6.알맞은 주택.농지 선정

7.철저한 영농계획

이상 요건을 재삼 재사 연구 검토해서 귀농.귀촌에 성공하는 분이 많길 바랍니다.

용감한 도전과 철저한 준비가 성공의 필요조건입니다.

(2023.10.18.)

핸리 데이비드 소로우의 월든

농촌의 삶이 이상적인 삶으로 보이게 하는 헨리 데이비드 소로우의 『월든』, 이 작품은 소로우가 1845년 여름부터 1847년 초가을에 이르기까지 2년 2개월 이틀간 월든 호숫가에서 지낸 생활을 기록한 글입니다.

1845년 7월부터 1847년 9월까지 소로우는 매사추세츠 주 콩코드 근교의 월든 호숫가에 지은 작은 통나무집에서 검소한 자급자족의 독거 생활을 하였습니다. 이 기간 동안 그는 자신의 개인적, 정치적 철학을 구상하고 또 실천하였습니다. 방대한 양의 일기를 바탕으로 한 열여덟 편의 연작 에세이인 『월든』은 이 시기의 소로우의 사상과 경험을 기록하고 있습니다.

"군중은 조용한 절망의 삶을 영위한다"고 확신한 소로우는 자신의 삶을 모든 면에서 "단순화"시키고자 하였습니다. 그는 숲에서 얻거나 자신이 직접 경작한 것만을 먹었습니다. 산책이나 낚시, 수영과 같은 운동을 하는 시간을 제외한 모든 시간을 그는 자신을 둘러싸고 있는 자연을 관찰하고, 글을 쓰고, 책을 읽고, 사색하면서 보냈습니다. 그의 가장 큰 호사는 이러한 일들을 할 수 있는 여가였습니다. 그는 "인간은 자신이 그대로 내버려둘 수 있는 것들의 수와 비례한 만큼 부자다"라고 말하기도 했습니다. 소로는 기존의 종교를 거부하고 자연을 통한 신과의 개인적인 유대를 추구했습니다. 그는 원시적인 야만성 역시 똑같은 존경심을 가지고 묘사하였습니다. 또한 전통의 편협한 굴레에 얽매이는 것을 거부하고 젊음의 미개발된 잠재력을 강조하였습니다. 이러한 정신 덕분에 자본주의에 대한 과격한 비판에도 불구하고 수세대에 걸친 미국인들이 『월든』에 매력을 느낄 수 있었습니다. 소로우의 실험은 혁명적이거나 인간혐오적인 것이 아니었습니다. 실용적이고, 정직하고, 아름다운 이 작품은 한 인간이 "단순하고 독립적인 존업과 신뢰"의 삶을 살기 위한 노력의 보고서라고 봅니다. 이 작품은 자신의 직관과 상상력을 믿고 의지하는 자립적 태도(self-reliance)를 긍정하고, 자연과의 직접적인 교감을 통해서 얻게 되는 보편적이고 영원한 삶의 진리를 강조하고 있습니다. 소로우는 월든 호숫가 에 손수 오두막을 짓고 2년 동안 근대문명과는 다른 방식의 삶을 실험하게 됩니다. 생태주의자로서의 실천적 지식인입니다.

(2023.11.03.)

농민권리선언

유엔농민권리선언이 천명한 농업인의 권리 보장을 위해 어떤 제도적 장치가 필요할까? 전국 농업인들이 접하는 농업인 권리 침해 실태를 나열해봅니다. 2018년 채택된 유엔농민권리선언은 28개조항에 명시되어 있습니다.

어느 설문조사에서 보면 농업인들은 이 가운데 '생산비 폭등, 농업소득 감소로 인한 생계와 생존권 위기'를 가장 시급히 해결해야 할 문제로 꼽고 있습니다. 그리고 '기후위기와 식량위기 시대에 필요한 농민권리 실태조사에서는 "농민권리를 보장받지 못한다. 권리를 침해받아도 '그냥 넘어갔다. 농지·자연자원·종자 능 생산수단을 이용할 권리를 보장받지 못한다."고 답했습니다. 또한 '정책, 개발사업 결정 등에 참여권과 정보 제공'건강하고 안전한 환경에서 일할 권리, '생물다양성 보존, 생태·친환경농업을 추구할 환경', '적절한 생활수준을 누릴 권리, 적절한 수입과 생계 보장', '여성농민이 차별받지 않고 동등하게 참여할 권리'등도 요구하고 있습니다.

농업인의 적당한 수입과 생계비 보장에 대한 주장은 당연합니다. 생산비폭등과 농업소득하락은 심각한 상황입니다.

대부분의 농업인들은 농민권리 보장을 위해 농민기본법과 같은 입법이 중요함을 주장하고 있습니다. 지난 30년간 개방농정 속에서 사람보다 산업이 중심이된 흐름도 지적하고 있습니다.

우리 농촌현실을 걱정하는 사람들은 "농민의 권리가 심각하게 침해받고 있으나 이에 적극 대처하기보다는 그냥 넘어가는 경우가 많다는 게 큰 문제다. 제도와 구조를 개선해 조속히 해결해야 한다"라고 강조하고 있습니다.

또한 ‘스마트팜이나 기업 경영체 등 대농 중심의 정책 설계’를 강조하고 소농이 아닌 규모화한 농민을 농민으로 정의하려는 농정 당국의 인식을 들며, ‘농민권리에 대한 사회적 공감대 형성’과 ‘농민권리 제도화 과정이 순탄치 않을 것’이라고 우려하는 사람도 많습니다. 농민권리선언은 전 세계 소농의 권리 보장을 목적으로 하고 있습니다.

농민권리 제도화를 위해 △농민권리 실태 파악 △농민권리영향평가 도입 △농민권리법제화를 제시하고 있습니다.

각종 대규모 개발사업 등으로 농촌 환경이 파괴됨에 따라 농업인이 삶터와 농사 기반을 빼앗기는 문제를 막는 장치로는 농업인 권리영향평가 도입이 시급합니다. 이는 개발사업이 농업인의 주거·농지·공동체·인프라·생계·생물다양성·환경안전성·참여권·민주적 절차 등에 미칠 영향을 사전 평가하는 제도입니다.

농민권리선언과 관련된 주요 국내법(헌법, 농업·농촌 및 식품산업기본법, 농지법 등 17개)을 농민권리선언을 바탕으로 전면 개정하거나 새 법률 제정도 검토해야 합니다.

어느 농업전문가는 “현행법은 농민권리선언의 방향성과 권고를 고려한 것이 아니어서 권리 보장 측면에서 많은 공백이 존재한다”라며 “농민의 정의, 실제 경작자지만 농지 문제로 정책 대상에서 제외되는 문제, 고용보험·산재보험 등 사회적 안전망에서 제외되거나 농업 이주노동자의 노동권이 배제되는 문제 등이다”라고 지적하고 있습니다.

아울러 “단순히 시혜적 관점에서 농민을 배려하는 것이 아닌 기후위기, 식량위기, 지역위기라고 하는 지구적·시대적 위기 상황에 대응하고, 지속가능한 농업·농촌으로의 전환이라는 관점에서 농민권리선언의 제도화가 진행돼야 한다”라고 강조합니다.

(2023.11.05.)

남명우의 꿈

오늘 농업인의 날 11월 11일입니다. 농민들의 긍지와 자부심을 고취시키고 농업(農業)의 중요성을 되새기는 법정기념일입니다. 농업.농촌의 유지.발전 반드시 지켜야합니다.

(2023.11.11.)

감사합니다. 남명우의 꿈은 어르신들께서 희망을 가지고 사는 것. 농어촌의 삶의 질을 높혀 청년들이 살고싶어 하는 곳으로 만들어 남녀노소가 함께 어우러져. 정을 나누며 행복하게 사는 것입니다. 꿈은 이루어 집니다. 건강.행복하십시오.

(2024.01.15.)

농어촌.농어업이 복덩이 될 날 멀지않습니다.생명을 지키는 산업이 농어업입니다. 복잡한 경제논리는 비키세요. 삶의 질을 무한대로 높일 수 있는 농어촌으로 오십시오. 농어촌은 복 만드는 곳입니다. 건강한 심신으로 하루를 출발합니다. 감사와 축복입니다. 감사하게 출잘하면 복이 옵니다. 복 많이 받으십시오.

(2024.01.20.)

농어촌의 복지는 국가적 중요한 과제입니다.대통령을 비롯한 정부 관계자들의 의지만 있으면 가능합니다. 농어촌에 희망이 있으면 젊은이들이 모입니다. 어르신과 젊은이가 정을 나누며 살만한 곳이 되면 균형발전은 그대로 이루어집니다. 선진 대한민국의 선결 과제는 농어촌복지 실현입니다.

(2024.01.21.)

나이가 든 어르신들의 삶의 질이 높아지는 사회! 젊은이들이 노인을 존경하는 사회는 분명 살만한 사회입니다 이것이 정상적인 사회입니다.

노인이 홀대받고 관심 밖으로 밀려난다면 어떻게 정상적인 사회입니까? 우리나라의 노인세대는 전쟁의 상흔과 가난이라는 어려운 시간을 감내해온 분들입니다. 그런 어려움을 이겨내고 가난의 굴레에 벗어나게한 노인들 덕분에 현재 우리가 물질적, 정신적 풍요를 누리고 있습니다. 그런 노인들이 나이로 차별받고 기회가 박탈되는 것은 우리가 답습해서는 안 되는 일입니다. 지금 우리의 노인들의 노후가 대단히 불안합니다. 노인들이 지닌 경험과 지혜가 우리 사회에서 제대로 역할을 해낸다면 국가 경쟁력 면에서도 큰 힘이 될 것입니다. 어떤 사람도 노인이 되는 것을 피할 수 없습니다. 노인문제는 우리 모두의 문제입니다. 나이 차별 없이 함께 살아가는 복된 사회를 기대합니다.

(2024.02.15.)

흙

2024년 2월 5일 흙은 우리의 생명입니다. 이런 흙에 대해 알아봅시다. 운동장에 보이는 작은 알갱이의 흙은 어디서 왔을까요? 바로 바위나 돌이 오랜 시간 햇빛, 물, 바람 등에 의해 점차 부서져서 점점 작아져 흙이 되는 것입니다. 결국 돌은 흙의 엄마가 되는 셈이지요. 흙은 다양한 크기의 알갱이를 가지고 있습니다. 알갱이의 크기가 좀 큰 자갈, 그것보다 작은 모래가 있습니다. 고운 입자인 진흙도 있습니다. 흙은 색깔도 다양합니다. 검은색을 띠는 흙도 있고, 황색이나 고동색도 있습니다. 붉은색을 띠는 흙도 있습니다. 또 흰색이나 회색의 흙도 있어요. 흙의 색은 흙이 만들어지기 선 바위의 색에 따라 결정되는 경우가 많습니다. 흙이 된 바위의 고유 색뿐만 아니라 흙에 포함된 다양한 물질이 색을 결정하는 데 영향을 미치기도 합니다. 철 성분이 많으면 검은색이나 붉은색을 띠기도 합니다. 또 소금 알갱이가 많이 섞여 있어서 흰색처럼 보이는 흙도 있습니다. 우리는 어디에 살고 있나요? 바로 땅 위에 살고 있습니다. 특히 우리는 바위로 된 곳보다는 흙으로 된 곳 위에서 많이 살고 있죠. 인간뿐만 아니라 많은 생물에게 흙은 매우 중요한 보금자리입니다. 먼저 식물을 생각해 봅시다. 대부분 식물은 흙에 뿌리를 내리고 자랍니다. 흙이 없다면 식물은 자랄 수가 없습니다. 흙은 식물에게 살아가는 집이 되고 양분을 주는 음식점이 되기도 합니다. 흙은 식물의 보금자리가 되어 식물을 먹고 사는 생물이나 식물에서 사는 생물이 살아가도록 합니다. 새들은 흙에 사는 나무나 풀숲에 둥지를 만듭니다. 토끼는 흙 위에 자라는 풀을 뜯어 먹습니다. 또 흙 안에도 지렁이, 두더지, 개미 등 다양한 동물이 살기도 합니다. 우리도 흙으로 이루어진 밭이나 논에서 다양한 농작물을 재배하여 먹습니다. 풀을 먹는 가축을 사육하여 고기를 먹기도 합니다. 이렇게 소중하고 중요한 흙이 오염되고 있습니다. 사람들이 많은 물건을 만들어 내기 위해 공장을 짓고, 자원을 함부로 사용하면서 오염 물질이 많이 발생하였습니다. 이 오염 물질은 공기를 오염시키고, 물을 오염시킵니다. 공기 속 오염된 물질은 흙에 가라앉기도 하고 오염된 물은 흙에 스며들기도 합니다. 오염된 비가 내리면 흙은 더 아파합니다. 많은 쓰레기도 흙을 오염시키는 주요 원인입니다. 흙이 오염되면 식물이 살 수 없습니다. 그렇게 되면 식물뿐만 아니라 다른 동물도 살기 어렵습니다. 우리 인간도 살기 어려운 땅이 되는 것입니다. 식물이 살지 않는 땅은 사막처럼 변합니다. 사막에는 대부분의 동식물도 살지 않고 사람들도 살기 어렵습니다. 우리 조상들은 흙의 소중함을 알고 흙을 보존하는 다양한 방법을 사용하였습니다. 농민들은 화학 비료 대신에 퇴비를 사용하였습니다. 퇴비는 짚, 잡초, 낙엽, 동물의 변 등으로 만든 자연 친화적인 비료이며, 식물은 이 퇴비의 영양분을 먹고 잘 자랐고 토양에도 나쁜 영향을 주지 않았습니다. 또, 작물에 해가 되는 벌레를 없애기 위해서 농약 대신 여러 동물을 활용하였답니다. 농약은 토양을 산성화시켜 더 이상 식물이 살 수 없는 상태를 만들기 때문에 오리, 우렁이, 개구리, 거미 등 벌레를 잡아먹고 사는 동물들이 밭과 논에 살도록 한 것입니다. 오늘날에 이렇게 농사짓는 방법을 유기농법이라고 부릅니다. 우리 조상들은 농사를 지을 때뿐만 아니라 다양한 생활에서도 흙을 살리는 삶을 실천하였습니다. 자연에서 있는 재료 그대로 생활에 이용하여 쓰레기와 같은 오염 물질을 만들지 않았습니다. 화학 물질을 이용하여 옷을 염색하는 오늘날은 옷을 염색한 후 사용된 더러운 물이 토양에 흘러들어가 흙을 오염시키기도 합니다. 하지만 우리 조상들은 자연에 있는 소재로 옷감을 염색하여 오염된 물을 만들지 않았던 것입니다. 또 다른 예는 그릇을 만드는 경우입니다. 우리 조상들은 흙을 구워서 도자기나 옹기 형태의 그릇을 사용하였습니다. 이러한 그릇은 흙으로 만들었기 때문에 다시 흙으로 돌아갈 수 있어 쓰레기를 만들지 않았습니다. 그러나 오늘날 금속이나 플라스틱 그릇은 분해되는 시간이 길어 흙을 오염시킵니다. 집을 만드는 경우도 자연에 있는 재료인 나무, 풀, 흙 등을 이용하여 지었기 때문에 오래된 집을 해체해도 다시 자연으로 돌아가 오염 물질을 만들지 않았습니다. 이처럼 우리 조상들은 예부터 평상 시 생활을 할 때 흙을 보존하고 오염 물질을 만들지 않는 삶의 방법을 실천하였습니다. 흙을 소중하게 다루고 사용하는 지혜가 필요합니다. 흙은 우리의 본향입니다. (2024.02.24.)

복지농어촌실현은 명실상부한 선진대한민국이 되는 전제조건입니다. 복지농어촌은 귀농.귀어가 성공해야합니다. 젊은이가 농어촌에 희망을 가질 수 있도록 해야합니다.지역균형발전을 위해서 귀농.귀촌이 성공해야 합니다. 귀농.귀촌 성공요건 몇가지를 요약해 봅니다.

1. 귀농정보의 충분한 수집
2.가족들과의 충분한 대화로 동의를 얻어야함
3.농업소득을 위한 작물선정
4.사전에 영농기술을 익혀야함
5.맞는 정착지 선정
6.알맞은 주택.농지 선정
7.철저한 영농계획

이상 요건을 재삼재사 연구 검토해서 귀농.귀촌에 성공하는 분이 많길 바랍니다. 용감한 도전과 철저한 준비가 성공의 필요조건입니다. 그런데 더 중요한 것은 농어촌복지를 위한 정책이 수반되어야 합니다. (2024.03.10)

농업의 위기

농촌. 농업 위기. 지역소멸위기라는 말이 회자되는 빈도가 높아지고 있습니다. 가장 큰 위기는 농촌에 젊은이들이 없다는 것입니다. 농업인.여타국민.정부.관계기관 모두가. 농촌.농업에 대한 관심을 가져야합니다.

우리의 생존과 직결된 부분이니까요. 농업의 위기에 대한 기사를 옮겨놓았습니다.

(중략) "40세미만 농업경영주는 1%대에 불과, 통계청의 '2020 농림어업총조사'에 따르면 전체 농가 인구 중 60대 이상이 57.0%를 차지하며 2030 세대는 11%(28만 3천 명)에 불과하다. 게다가 40세 미만 청년 경영주 가구의 비중은 고작 1.2%(1만 2천 가구)에 지나지 않는다. 산업화 이후 한국 사회는 급속한 경제 발전을 위해 농촌보다는 도시를 중시했다. 농촌을 떠나 도시로 가는 것이 장려됐다. 또 도시 노동자들의 임금 인상을 억제하기 위해 농작물은 싸게 공급되어야만 했다. 부담은 농민들에게 고스란히 돌아갔다. 1990년대 들어 농산물 시장이 개방되면서 값싼 수입 농산물이 들어왔고, 농가 소득은 더욱 낮아졌다. 게다가 정부는 농업의 규모화, 시설화를 추진하며 소수의 대농(大農)과 농업 관련 기업만이 돈을 벌 수 있는 구조를 만들었다. 농가 소득은 2019년 기준으로 도시가구 소득(2인 이상)의 62.2%인 상황이다. (한국농촌경제연구원, '2020년 농가경제의 실태와 변화요인') 더욱 심각한 건 농가 소득 중 농사와 직결되는 '농업'으로 벌어들인 소득만 따지면 24.9%에 불과하다는 사실이다. 이제 농촌에서 나고 자란 청년은 농사를 이어받지 않고 도시로 떠난다. 힘들게 농사지어도 먹고살기 힘든 구조에서 부모 또한 자식에게 농사를 물려주

려 하지않는다. 농민들이 농사를 짓지 않고 청년들은 농촌을 떠나 농촌 공동체가 붕괴되고 있는데, 개발 자본은 농지를 투기와 개발의 대상으로 삼고 있다. 도로와 주택, 산업단지 건설 등으로 1년에 전체 농지의 1%씩 감소하고 있는 실정이다. 한국 사회가 발전주의에 갇혀 도시화와 산업화만을 추구하며 농업과 농촌을 등한시해 온 결과는, 이렇듯 '농촌의 소멸'로 드러나고 있다. 어느 의식있는 농업인은" 지금 상황이 심각한 것에 견주어 정치권이나 시민들이 위기감을 못 느끼는 것 같다."고 말한다. "경제가 어떻고, 부동산이 어떻고, 그래서 나라가 무너진다 이런 얘기는 계속해도 농업과 먹거리에 대해서는 위기감이 없는 것 같아요. 진짜 마트에서 감자 하나 가지고 몸싸움을 해 봐야 정신을 차릴까요?" 한국은 쌀 이외의 대부분 작물을 수입에 의존하고 있는데, 이제 고령의 농민들이 돌아가시고 기후위기 등으로 식량 수급이 불안정해져 다른 나라들이 눈을 걸어 잠그면, 한국인들은 그야말로 "밥이랑 배추, 소금만 먹고 살아야 할 수도 있다"라고 "극소수의 부유층만 신선한 농산물을 먹을 수 있는 날"이 먼 미래의 이야기가 아닐 수도 있는 것. 나라가 비상이 걸릴 거다"라는 말을 한다며, 시민들이 "먹거리에 대해 너무 당연하게 생각하는 게 안타깝다"라고 말한다." 우리모두 생각을 바꿔야합니다. 농촌.농업.지방이 위기라는 것을 알아야합니다. 선진대한민국은 농어촌복지가 되어야 합니다.

(2024.03.19.)

농어촌 삶의 질

하동십리벚꽃길 지금 절정이다! 봄날씨가 아무리 짓궂어도 봄은 어김없이 우리 곁에 온다. 따사로운 햇살이 쏟아지자, 봄꽃들이 한꺼번에 꽃망울을 터뜨리고, 한낮의 햇살이 초여름처럼 뜨거워, 올 봄 처음으로 차 에어컨을 켰다. 완연한 봄이 온 것이다. 하루가 다르게 꽃 피우는 봄꽃들, 섬진강 물길 따라, 은빛 벚꽃 사이로 봄바람이 살랑댄다. 눈앞에 펼쳐지는 벚꽃 터널, 은빛 꽃송이 한송이 한송이가, 청초한 기풍으로 가슴에 와닿는다. 벚꽃으로 뒤덮인 길은, 바람이 불 적마다 꽃비가 내린다. 꽃비가 설편(雪片)처럼 휘날리면서, 보는 이의 마음까지 흔들어 대고, 온갖 상념을 흩날리게 하였다. 우리는 그 길에서, 꽃비에 젖어며, 수십 번이나 혼절(昏絶)하였다. 하동십리 벚꽃은 지금 절정이다.

하동벚꽃길 최고입니다. 하동을 복지농어촌의 중심에 세우고 싶은 꿈에 젖어있습니다. 꿈은 반드시 이루어진다는 진리를 믿습니다.

(2024.04.02.)

농어촌의 삶의 질을 높이는 것은 어르신과 젊은이가 함께 어우러져 살게 해야 합니다. 모두가 건강하게 일할 수 있도록 해주어야 합니다. 물질적인 풍요로움도 중요하지만 인정이 넘쳐나는 곳으로 만들어주어야 합니다. 너와 내가 함께 사는 지혜가 복 만드는 첫걸음입니다. 꿈을 만들어야합니다. 새로운 꿈이 우리를 활기차게 합니다. 높이 나는 새가 멀리 넓게 보듯이 꿈은 크게 가져야합니다. 단 '자리이타'의 조건에 맞추어야 행복한 희망입니다.

(2024.04.11.)

평화로운 전경처럼 농어촌의 삶의 질이 높어지길 바랍니다. 농어촌에 계시는 분들의 희망입니다. 나의 꿈이기도 합니다. 위기의 농어촌지역을 살리는 것은 국민 모두가 협력해서 이루어내야 합니다. 농촌의 위기라는 기사내용 올려봅니다.

"100만 농가마저 무너졌다."

"농촌 고령 인구가 절반 넘어 지난해(2023년) 농가수가 100만 가구 밑으로 떨어진 것으로 조사됐다. 농촌 주민들은 갈수록 늙어가고, 농사에 전념하는 사람들도 줄어들기 때문이다. 18일 통계청의 '2023년 농어업조사'에 따르면, 지난해 12월 1일 기준 전국 농가 수는 99만9000가구로 1년 전의 102만3000가구보다 2만3000가구 줄었다. 농가 수가 100만 가구 아래로 떨어진 것은 농가 수를 집계하기 시작한 1975년 이후 처음이다. 1970년대만 해도 200만 가구가 넘던 농가 수는 1980년대 들어 100만 가구 후반대로 줄어들었다. 이후 1990년대 100만 가구 초반대까지 떨어졌다가, 작년에 100만 가구 선마저 무너진 것이다. 통계청 관계자는 나이가 들면서 농업을 포기하는 이들이 늘고, 농업 대신 다른 업종으로 빠져나간 이들도 늘었다"고 했다. 지난해 농가 전체 인구 208만9000명 가운데 65세 이상 고령 인구가 차지하는 비중은 52.6%(109만9000명)에 달했다. 1년 전(49.8%)보다 2.8%포인트 증가했다. 우리나라 전체 고령 인구 비율인 18.2%와 비교하면 농촌 고령 인구 비중이 3배 가까이 큰 셈이다.농사로만 소득을 벌어 들인 전업농은 56만4000가구로, 1년 전의 59만9000가구보다 3만5000가구 줄었다. 대신 다른 일을 하면서 농사도 짓는 겸업농이 43만5000가구로 1년 전보다 1만2000가구 늘었다."

(2024.04.19.)

복지농어촌실현은 우리 대한민국의 희망을 만드는 것입니다. 새로운 도약의 기틀을 만드는 일입니다. 정신적 안정을 만들어주어 행복지수를 높혀주는 일입니다. 급속도로 높아진 물질만능생활의 가속도를 완화시켜주는 일입나다. 행복은 정신적 안정이 우선입니다. 선진 대한민국의 행복지수는 복지농어촌실현으로 높혀가야합니다.(2024.05.05.)

어느 농업인께서 이렇게 말씀하시네요.

농촌은 소멸하지 않는다고 나는 믿는다. 도시보다 농촌의 좋은 점은 차고 넘친다. 첫 번째가 공기 좋고 쉼이 머무는 곳이다. 두 번째는 식량을 자급자족할 수 있다. 세 번째는 사람 사는 맛이 나는 공동체가 가능하다는 것이다. 노후의 삶이든, 청년의 삶이든 농촌과 농업은 그 누구도 편애하거나 차별하지 않고 품어 안을 수 있는 사람 사는 곳이다. 농촌을 떠나 마트자영업을 하는 후배도, 퇴직한 소방관 형님도, 50대 초반에 귀농한 동네 동생이 나와 함께 농민의 길을 가는 한 농촌은 소멸하지 않는다고 강하게 말씀을 했네요.

그렇습니다. 농촌은 소멸하지 않습니다. 농촌.농업이 살아야 선진 대한민국이 됩니다.

요즈음 농촌소멸 혹은 지역소멸이란 단어가 자주 등장합니다. '농어촌이나 지역이 사라져없어진다.'는 것인데 정말 바람직하지 못한 현상입니다. 소멸위험지수라는 용어가 등장했습니다.

그 지역의 20~39세 여성 인구를 65세 이상 인구로 나눈 값을 '소멸위험지수'라고 하는데, 그 값이 0.5 미만인 지역을 '소멸위험지역'이라고 합니다. 가임 연령대의 여성 인구가 고령자의 절반이 안 되는 지역을 말하는 것입니다. 인구이동 등의 다른 변수가 작용하지 않으면, 약 30년 뒤에는 그 지역이 없어질 가능성이 크다고 알려져 있습니다. 매년 이 지수가 발표되면 소멸위험지역이라고 분류된 지방자치단체들은, 대부분 농어촌인데, '인구 대책 태스크포스'를 만든다느니, 출산장려금을 대폭 늘려 지원한다느니, 귀농·귀촌 인구 유입에 힘을 쓰겠다느니, 하는 등 부산을 떨고 있습니다.

더욱 심각한 문제는 소멸지수가 높아 인구소멸지역으로 분류되면 각종 정책에서 소외된다는데 있습니다. 향후 앞뒤없이 소멸지역으로 분류하는 것은 자칫 농촌소멸을 부추길 위험이 있다는 것입니다.

농어촌이 어려운 것은 어제오늘의 일이 아닙니다. 인구가 줄어 어려움은 당연히 크지만, 적은 인구로도 주민 생활에 꼭 필요한 것은 반드시 확보하는 혁신적인 정책을 실행해야 합니다. 즉 역발상의 지혜를 모아 농어촌의 유지발전을 이루어내야합니다

(2024.10.28.)

문화 황무지 농어촌

'농촌은 지금 문화 황무지다. 위기다 소멸이다.'

농촌이 삭막합니다. 농촌이 삭막해진 것은 문화와 여가를 즐길 공간이 절대적으로 적기 때문이라는 것입니다. 도시보다 형편없이 적은 인프라와 예산 부족으로 농민들은 실제 문화생활이란 것을 즐길 수 없습니다. 한국농촌경제연구원이 전국 읍·면에 거주하는 농촌주민 700명을 대상으로 문화·여가 활동 실태를 조사한 결과에 따르면, 농민이 가장 많은 시간을 할애하는 문화·여가 활동은 'TV 시청' '라디오 청취' '음악 듣기'로 나타났습니다.

이것은 1970~1980년대 농촌 모습과 다르지 않다는 것입니다. 문제는 그 이유 역시 과거와 별반 다르지 않다는 점입니다. '농촌에서는 즐길 만한 곳이 없다' '돈이 없다' '시간이 부족하다'는 응답이 주를 이뤘습니다. 하지만 인터넷 보급과 스마트폰을 통한 사회관계망서비스(SNS)의 발달로 농민들 역시 문화와 여가에 욕구가 높아졌습니다. 같은 조사에 따르면 농민들은 영화·공연·전시회 관람, 도서관 이용 등 도시민들이 향유하는 문화·여가 활동을 원하고 있습니다.

문제는 이런 공간들이 자신의 집에서 수십킬로미터 떨어진 도시에나 존재한다는 것입니다. 이같은 문제를 해결하는 방안으로 정부 예산 증대, 정책 지원, 시설 확충, 프로그램 개발 등을 제시하지만, 실상 구체적인 해결방안이 없는 회의용 대책처럼 느껴집니다. 그나마 현실적인 대책이란 것이 농촌관광 활성화나 체험마을 조성 등인데 조금만 더 깊이 생각해보면 이런 대책은 누구를 위한 문화·여가 활동인가? 평소 여러 문화를 만끽하다가 지겨워서 공기 맑은 농촌에 와서 색다른 체험을 하겠다는 도시민들을 위한 것 아닌지요? 농가소득에 조금은 보탬이 될지언정 농민들의 인간적 삶과는 별 관계가 없는 것으로 보입니다. 조금만 생각을 깊이해보면 마을회관이나 경로당이 영화관이 될 수도 있고 도서관이 될 수 있습니다. 새로운 지식을 공유할 학교도 될 수 있습니다. 그곳으로 청년 전문가들을 보내면 어떨까요? 봉사가 아니라 제대로 임금 주는 정규직으로 말입니다. 어쩌면 그곳은 우리가 전에 보지 못한, 세대가 공존하고 아이디어가 싹트는 새로운 농촌문화의 토대가 될 수 있다고 봅니다. 삶의 질이 한층 높아지고 생동감 있는 농촌을 기대해봅니다.

(2024.11.06.)

농촌이 유지 발전되어야 선진 대한민국

농촌이 유지발전되어야 선진 대한민국이 됩니다.
《농민신문》에 이런 내용이 있어 소개합니다.

'보릿고개'가 대변하는 1960년대 우리 농촌은 헐벗었고, 농민의 삶은 어둡고 참담했다. '농민신문'은 어두운 길에는 불을 밝혀주고, 절망의 땅에는 희망의 파종을 도왔다. '새농민'이라는 이름의 농민계몽, '잘살아 보세'라는 새마을운동, 과학영농을 통한 농업기술혁신의 메신저로서 농민과 농업·농촌의 변화를 이끌었다. 우루과이라운드(UR)와 자유무역협정(FTA)이라는 거센 개방의 파고는 '신토불이'와 '농도불이' 국민운동으로 농민과 함께 울고 웃으며 맞섰다. '호미' 대신 '붓'을 들고 농사를 짓는다는 '필농(筆農)' 정신으로 오직 농민만 보고 뚜벅뚜벅 걸어온 세월이었다.

하지만 오늘 우리 농민과 농촌·농업을 둘러싼 현실은 어느 하나 녹록한 것이 없다. 농민은 늙고, 농촌은 텅텅 비고, 농업은 쪼그라들고 있다. 국민의 입맛은 하루가 다르게 서구화로 치닫고, 물가 타령만 나오면 농민과 농업은 속죄양으로 몰린다. 우리농산물 애용은 '라떼'가 되고, 농산물 수입 카드 남발은 소비자 후생증진으로 포장된다. 그야말로 시계 제로의 총체적 위기 속으로 빨려들어가고 있다.

그렇다고 물러설 수도, 돌아갈 길도 없다. 어제는 오늘의 거울이고, 오늘은 내일의 역사라고 한다. 어제의 거울에 오늘을 비춰보면서 내일의 역사를 준비하라는 얘기다. 지난 60년 '농민신문'의 거울에 오늘의 농업과 농촌을 비춰보고, 내일의 농업과 농촌 역사가 될 오늘을 하나둘 일궈 나가고자 한다.

다시 국민을 설득하고, 국민과 함께 가자. '함께할 60년', '농민신문'이 큰 '창(窓)'이 되겠다. 농민과 국민, 농촌과 도시가 서로가 서로를 비춰보고 살펴볼 수 있는 창 말이다. '농민신문'이라는 창을 통해 서로가 마주하면서 이해를 증진하고, 각자의 소중함에 대한 공감대를 형성해 나간다면 1307만명 서명으로 기네스북에 오른 '쌀 수입개방 반대 범국민 서명운동'을 넘어서는 또 하나의 쌀소비 국민운동도 재점화할 수 있다.

그런 만큼 회갑의 문턱을 넘어 재갑(再甲)의 '새로운 농(農)'으로 나서는 길, '농민신문'은 '관점'과 '객관'이라는 담론을 제시한다. 지난 60년 우리는 우리의 관점과 주관으로 농업과 농촌을 바라봤고, 바라봐 주기를 바랐다. 이제는 우물 안 개구리의 관점을 바꾸고 고질화된 주관의 탈을 벗어야 한다. 쌀 한톨, 사과 한알이라도 우리가 아닌 국민과 소비자의 관점에서 보고 객관화하자. 어렵지 않다. 나를 네기 아닌 국민과 소비자의 관점에서 보는 것이 객관이다. 풍요와 과잉의 시대, 우리 농업과 농촌의 살길은 관점의 전환과 철저한 자기 객관화다. '농민신문'이 앞장서겠다."

(농민신문)이 농촌. 농민을 위하고. 농촌의 유지발전을 위해 노력해주길 기대합니다.

(2024.11.11.)

쌀을 홀대하면 안됩니다. 쌀은 우리의 생명줄입니다. 올해 벼 재배 면적이 줄면서 쌀 생산량이 작년보다 감소했습니다. 통계청의 쌀 생산량 조사 결과를 보면, 올해 벼 재배 면적은 69만 7,713㏊로 1년 전보다 1.5% 줄었습니다. 벼 재배 면적이 60만㏊대로 내려선 건 1964년 관련 통계 작성 이래 처음입니다. 벼 재배 면적이 줄어든 데 더해 올해는 병충해도 커 쌀 총생산량은 작년보다 3.2% 감소한 358만 5천t으로 집계됐습니다. 벼가 남아돈다는 것 때문에 일시적으로 대체작물은 재배하더라도 경지면적은 줄여선 안됩니다. 기후변화 등 식량대란을 대비해야합니다. 언젠가 식량부족으로 곤혹을 치를 수 있습니다. 벼의 충분한 생산량 확보는 절대 필요합니다.

(2024.11.18.)

우리는 지금 배고픔을 모르기 때문에 농업을 홀대하는 경우가 많습니다. 배고픔을 겪은 나이 많은 분들도 지금은 그때를 잊고 있습니다. 식량을 생산하는 농업의 정의를 되새김 해보면 농업은 땅을 이용하여 작물과 가축 등을 길러 우리의 먹거리를 생산하는 것을 말합니다. 먹거리를 다른 말로 표현하면 식량인데 식량은 공기와 물 다음으로 인간이 살아가는 데 기본적으로 필요로 하는 3대 요소 중 하나입니다. 생명의 근원인 식량은 모두 자연에서 나옵니다. 하지만 오늘날, 약 76억 명에 달하는 세계 인구는 지구의 자연자원이 공급할 수 있는 양의 1.6배를 소비하고 있습니다. 그래서 식량이 부족해서 기아에 허덕이는 사람이 많습니다. 추후 식량위기가 온다면 더욱더 큰 고난의 시간이 될 것입니다. 우리나라도 식량 자급률이 40%대에 머물고 있습니다. 가축 사료를 포함하는 곡물 자급율은 20%대로 심각한 상태입니다. 농업. 식량에 관심을 집중해야합니다. 농업. 식량의 경쟁력이 곧 국력입니다.

(2024.12.05.)

농촌의 장점은 많지만 그중에서도 쾌적한 자연환경과 이웃과의 소통. 정이 있다는 것을 꼽을 수 있겠습니다. 우리 동네. 우리고향. 이웃들 공동체의식이 높다는 것입니다. 한 아파트 옆집에 살아도 외면하는 도시생활에 비하면 이웃간의 정감은 비교가 안되지요. 사람이 사는데 필수 조건인 주거비. 생활비가 적게 드는 것도 큰 장점이지요. 반면에 복지. 교육. 문화 등이 낮다는 것이 큰 문제입니다. 정책적으로 도.농복합적인 삶의 질 향상을 위해 노력해야 균형발전이 된다고 봅니다. 향후 쾌적한 자연환경이 삶의 질에 있어서 가장 높은 비중이 될 것으로 전망되고 있습니다.

(2025.01.03.)

쌀이 고민거리가 된 지 오래되었습니다. 여러 가지로 고민하지만 쉽지 않습니다. 하지만 분명한 것은 쌀은 분명히 지켜야할 농산물이라는 것입니다. 쌀에 대한 여러 가지 정책을 살펴봅니다. 쌀은 우리 민족의 주식이자, 농업에 가장 상징적인 존재입니다. 전체 농가의 반 이상(51.5%)이 쌀농사를 짓고 있고, 논이 경지면적의 절반 정도(46.8%)를 차지합니다. 기계화율이 90% 이상으로 매우 높고 노동시간도 길지 않아 초고령화되고 있는 농촌에서는 벼농사가 '가장 오래 지을 수 있는 농사'로 꼽히기도 합니다. 원예작물에 비해서 소득률은 낮지만 가장 오래 지어왔고 그만큼 경영 위험도가 높지 않은, '안전한' 작물이라 하겠습니다. 한때 빈곤했던 대한민국을 먹여 살리기 위해 '증산'에 힘썼던 시대는 저물고, 이제는 쌀 공급 과잉이 만성화되고 있습니다. 정부가 공공비축과 양곡수급 조절에 쓰는 예산이 한 해 2조 원 가량. 양곡을 사들여 보관하다가 가공용 등으로 파는데 드는 관리비만도 한 해 4천억 원에 이릅니다. 특히 지난해에는 선제적인 시장 격리를 위해 26만 톤 이상을 정부가 사들였는데도 산지 쌀값은 약세를 면치 못했습니다. 정부 개입으로 쌀값을 지지하는데 한계에 다다랐다는 지적이 나옵니다.

(2025.01.31.)

농촌. 농업이 유지 발전되어야 선진대한민국이 됩니다. 농업인으로 제대로 종사하려면 농업경영체등록을 해야 합니다. 조건과 등록 방법을 알아봅니다. 농업경영체 등록 조건은 다음과 같습니다.

1. 1,000㎡ 이상의 농지를 경영하거나 경작하는 사람
2. 농업경영을 통한 농산물의 연간 판매액이 120만원 이상인 사람
3. 1년 중 90일 이상 농업에 종사하는 사람
4. 330㎡ 이상의 시설을 경영하거나 경작하는 사람

농업경영체 등록은 국립농산물품질관리원에서 온라인으로 신청할 수도 있고, 현장에서 신청할 수도 있습니다. 농업경영체 등록을 위해서는 본인 명의의 농자재 구매 영수증을 증빙자료로 제출할 수 있습니다. 농업경영체란 농업인과 농업법인을 말합니다. 농업인은 농업에 종사하는 사람을 말하며, 농업법인은 영농조합법인과 농업회사법인을 말합니다. 농업경영체 등록을 하면 농업경영체 등록확인서를 받을 수 있습니다. 등록확인서는 농업경영정보 등록을 확인하는 것으로 경영주 정보와 농지, 재배면적 등의 정보가 포함된 서류입니다.
(2025.02.21.)

어제(3월20일) 새통영농협에서 개최된 GAP 농산물기획판매전에 참석했습니다. 국립농산물품질관리원 경남지원이 주관하고 저희 (사)GAP 영남협의회는 후원사로 참여했습니다. 국민들께 안전하고 품질 좋은 먹거리를 공급하는 것이 GAP제도의 목적인 만큼 국가. 지자체. 농협. 생산자. 소비자가 함께 관심을 가져야 하는데, 아직도 미흡함이 많습니다. 국립농산물품질관리원경남지원. 새통영농협 관계자분들 수고하셨습니다. 감사합니다.
(2025.03.21.)

마을기업과 복지농어촌운동

마을기업이 법적근거를 마련하게 되었습니다. 행정안전부 지침으로만 운영돼 왔던 마을기업이 15년 만에 법적 근거를 갖추게 됐습니다. 행안부는 '마을기업 육성 및 지원에 관한 법률안(마을기업법)'이 7월23일 국회 본회의를 통과해 마을기업을 안정적으로 육성·지원할 수 있게 됐다고 밝혔습니다.

이 법률은 시행령 제정 등의 준비기간을 거쳐 1년 후에 시행되는데, 전국 마을기업에는 좋은 소식임에 틀림없습니다. 마을기업은 주민이 농산물·문화·관광 자원 등을 활용해 소득과 일자리를 창출하며 인구소멸 등 지역문제를 해결하는 마을 단위의 소직을 말합니다.

지역공동체의 자립과 지속가능성을 높이기 위한 핵심 조직으로 2011년부터 설립된 마을기업은 2023년 1800곳까지 증가했는데, 사회적기업이나 협동조합과 달리 근거 법률이 없는 탓에 재정 지원이 불가능해지면서 운영에 어려움을 겪는 곳들이 늘어나 2024년에는 1726곳으로 줄어들었습니다. 그 때문에 관련법 제정 필요성이 지속적으로 제기돼 왔습니다.

이번에 제정된 '마을기업법'은

▲기본계획 및 시행계획 수립·시행

▲활동 및 사업 현황에 관한 실태조사 실시

▲마을기업 육성·지원 위원회 설치

▲마을기업 지정 및 행·재정적 지원 등을 골자로 합니다.

더욱이 인구 감소지역에서 설립·운영하는 마을기업과 청년마을기업에 대한 우대 조항도 포함돼 있어 인구감소에 따른 지방소멸 등 국가적인 문제 해결에 동력이 될 것으로 기대를 모으고 있습니다. 특히

'마을기업법'은 현 정부가 추진하는 기본사회 실현 등 다양한 정책과도 상승효과를 낼 것으로 보입니다. 법 제정을 계기로 정부는 마을기업이 지역공동체 복원과 민생경제 성장의 마중물 역할을 할 수 있도록 아낌없는 지원을 밝힌 바 있습니다. 다만 모호한 재정 지원과 마을기업에 참여하는 주민의 역량 부족 등 과제도 적지 않습니다. 이런 미비점도 제대로 점검·보완해 활기를 돌게 하는 마을기업을 다수 배출함으로써 지역에 큰희망이 되었으면 하는 바램입니다.

(2025.07.21.)

(복지농어촌운동)으로 농촌의 위기로부터 탈출해야 합니다. 지금 우리의 농촌이 소멸위기입니다. 2024년 기준 10년만에 농가는 117만호에서 100만호로 17% 감소, 농업인구는 300만명에서 230만명으로 70만명 줄어 24% 감소. 이 속도라면 60년 후인 2085년경 한국의 농업은 소멸된다는 예측입니다. 물론 농촌이 소멸될 수도 없고 소멸되어서도 안됩니다. 소멸위기를 느끼고 위기탈출의 지혜를 모아야합니다.

(2025.07.23.)

건강이 최고의 행복조건입니다. 쌀이 우리의 주식이며 최고의 건강지킴이입니다. 밥심으로 산다는 말이 있습니다. 쌀풍년을 기원하고 즐겨야 합니다. 인정이 넘치는 선진 대한민국을 만들어야 합니다. 복지농어촌이 되어야 명실공히 선진 대한민국이 됩니다.

(2025.08.01.)

'복지농어촌'을 희구하는 나날입니다. 복지농어촌은 국민 모두가 관심을 가져주어야합니다. 복지농어촌이 되면 그것이 균형발전이고 지역소멸의 위기에서 벗어나는 것입니다. 명실상부한 선진 대한민국은 복지농어촌 실현이 초석이 되어야합니다.

복지농어촌은 국민 모두가 관심을 가져주어야합니다. 복지농어촌이 되면 그것이 균형발전이고 지역소멸의 위기에서 벗어나는 것입니다. 명실상부한 선진대한민국은 복지농어촌실현이 초석이 되어야합니다. 복지농어촌을 향한 어느 분의 좋은 의견을 옮겨봅니다.

“무한 경쟁 시대를 빗겨나 농촌이 가진 포용적 공동체의 가능성과, 근면하고 성실한 농민과 기술적 숙련성이 바탕이 된 한국 농업이 가지는 경쟁력을 희망의 메시지로 전하는 것으로 강의를 마무리했다. 나의 메시지가 거짓말이 되지 않기 위해서라도 다음 몇 가지는 반드시 짚고 넘어갔으면 좋겠다. 먼저 청년농 유치 정책이 세대 간 경쟁구도로 비화하지 않도록 잘 설계되면 좋겠다. 누군가 그만둬야 빈자리가 생긴다는 전제에서 노령 농민, 소규모 경작 농민의 퇴출을 이야기하는 경우가 많은데, 우선 정책적 타당성을 떠나 정서적 거부감을 피할 수 없다. 노령 농민은 교체돼야 할 낡은 기계가 아니다. 그 삶이 온전히 존중되고 영광스런 은퇴가 될 수 있는 제도적 장치가 우선돼야 한다. 사회적 존중은 물론이고 농지를 매개로 한 연금제도를 강화하는 등 안전한 출구를 먼저 마련해야 한다. 또한, 청년들의 농촌 진입장벽을 획기적으로 낮춰야 한다. 가장 높은 장벽은 농지 확보가 될 터인데, 이를 국가적으로 해결하지 않고선 청년농부를 빚쟁이로 전락시키고 말 것이다. 적어도 농지는 국가가 비농민소유 농지와 노령은퇴 농민의 농지를 공적으로 확보해 제공하고 대출이자도 무이자수준까지 낮추어야 한다. 국가는 청년농부의 시도가 무모한 자살행위가 아니라 그야말로 신나는 모험이 될 수 있는 사회적 조건을 제공해야 한다. 성공사례를 만들려 하지 말고 실패가 가능한 사회적 조건을 제공하는 것, 그것이 국가가 할 일이다. 마찬가지로 ‘스마트팜’ 일색의 유인으로 청년을 현혹시키는 지금의 귀농 홍보 기조도 바뀌었으면 좋겠다. 스마트팜이 한국 농업을 어느 정도 대신하게 될는지 모르겠지만, 지금의 시설 중심 '스마트팜'만으로 한국 농업을 완전히 대체할 순 없다. 스마트팜 일색의 유인책으로 빗쟁이 만드는 지금의 방식이 아니라, 다양한 농업의 형태와 농촌에서 펼칠 수 있는 삶의 다양한 가능성을 동시에 제시하는 청년농 유치 정책이 되면 좋겠다. 살기 좋은 농촌은 스마트팜만으로 만들어지지 않기 때문이다. 하지만 내가 생각하기에 가장 중요한 것은 청년농 유치 정책이 따로 필요 없는 농촌을 일구는 것이다. 현실을 무시한 이상적 발상이라고 할지 모르겠지만, 농촌이 풍족하고 안정되며 풍부한 문화적 삶을 영위할 수 있는 곳이라면 왜 귀농 정책이 따로 필요하겠는가? 도시민의 요구에 부합하는 생활 편의 시설과 문화 기반을 갖추고, 안정되고 풍요한 수입과 안전한 삶이 보장되는 농촌이라면 농민의 행복한 삶이 보장되면서 동시에 자발적 귀농자의 발길도 이어질 것이 분명하다. 그러면 우리 농촌은 세대 간 문제도, 지역민과 귀농인의 구분도 따로 없는 그냥 사람 사는 동네로 자손만대 이어지지 않을까?"

(2025.08.16.)

우리 농촌이 위기라고 하는 것은 농업인구의 감소와 고령화에 있습니다. 이들의 통계수치를 봅시다. 2023년 기준 한국의 농가인구는 208만 9천 명으로, 2024년 200만3천500명으로 1996년 대비 50%가 감소되었으며 계속 줄어드는 추세입니다. 고령화가 심각하여 65세 이상 농가인구 비율이 역대 최고치인 52.6%를 기록했으며, 2025년에는 농가인구가 200만 명 선이 무너질 것으로 예상됩니다. 청년농가는 14만 8천 명으로 전체 농가인구의 0.07%에 불과하여 농업의 지속가능성에 대한 우려가 커지고 있습니다. 2023년 기준 농가 수는 99만 9천 가구로, 농업 조사가 시작된 1949년 이후 처음으로 100만 가구 아래로 떨어졌습니다. 농업인구의 감소는 여러 요인이 있지만 첫째는 희망이 없는 농촌환경입니다. 특히 청년농업인의 부족은 농업의 미래를 위협하는 심각한 문제로, 농업의 지속가능한 발전을 위한 대책 마련이 시급합니다. (어가 8만 7천 명(내수면 제외), 임가 20만 4천 명)

(2025.09.15.)

식량주권. 식문화.전통.지역이란 용어는 우리의 삶 자체입니다. 이런 일련의 사항과 관련하여 '한국농정신문'에 게재된 내용을 옮겨봅니다.

"식량주권 위한 선결 과제,"

'전통'과 '지역'에 기반한 식문화 이웃 나라들의 전통·지역 기반 식문화 운동 사례 식량주권과 연결되는 식문화의 재구성 과정에서 '전통'과 '지역'에 기반한 식문화의 복원도 중요하다. 이와 관련해선 최근 접한 동아시아 이웃 나라들의 사례를 살펴보자.

지난 10일 대만 타이베이시 소재 다형식육협회 사무실에서 다형식육협회 활동가 황찌아린씨(왼쪽)와 천주웨이씨가 대만 전통 식재료인 갯농어와 관련한 식생활교육 사례를 소개하고 있다. 물고기 인형은 갯농어 인형이며, 황찌아린씨가 갖고 있는 책은 다형식육협회에서 펴낸 학교 식생활교육용 책자다.

대만 타이베이시 소재 다형식육협회 사무실에 비치된 식생활교육용 영양 분석 기계. 각각의 둥근 칸에 먹거리가 그려진 둥근 사진을 올린 뒤 입력자의 연령, 성별, 활동량 등을 기입하면 적절한 영양 섭취가 이뤄지는지 분석하는 장비다. 대만의 먹거리운동조직인 다형식육협회. 한국·일본과 달리 별도의 학교급식 관련 법안이 없는 대만의 현실 속에서, 다형식육협회는 대만산 먹거리가 학교급식과 연결되게 할 장치로써 학교급식법을 만들기 위해 장기간에 걸쳐 활동해 왔다. 이와 함께, 다형식육협회는 Non-GMO(유전자조작식품 없는) 학교급식 실현 운동을 전개하는 과정에서 한국의 GMO 반대운동 조직들과 연대하기도 했다.

현재 대만에선 중앙정부가 농림부를 통해 학교급식에서 친환경농산물(정확히는 유기농산물)이 더 많이 사용되도록 유도하는 정책을 펼친다. 이와 관련된 법안으로서 「유기농업촉진법(우리나라의 친환경농어업법에 해당)」을 시행 중이기도 하다.

대만 중앙정부는 유기농 식재료를 활용한 급식을 먹는 학생에 한해 지원금을 주기도 하는데, 수도 타이베이 및 신베이 등 도시 지역에선 하루에 학생 1인당 10대만달러(한화 약 462원)를, 도시 이외 지방에선 1인당 16대만달러(한화 약 740원)을 지급한다. 지자체별 정책도 따로 있는데, 예컨대 타이베이시에선 한 달에 한 번 유기농 쌀과 버섯 등을 자체적으로 지원하며, 신베이시에선 대만 최초로 학교급식을 위한 유기농 채소를 따로 생산하게끔 유도하는 정책을 펼친다. 그러나 대만은 먹거리 수입량이 많기도 하고, 대만 자체적으로 로컬푸드(지역먹거리)가 활성화되도록 촉진하는 정책은 없다.

일례로 대만 사람들은 녹두를 식재료로 많이 쓰는데, 녹두는 사실상 100% 해외에서 수입하는 상황이다. 중화권에 속하는 대만은 과거엔 중국과 마찬가지로 땅콩 기름을 식재료로 많이 썼는데, 식생활 변화 등으로 인해 지금은 거의 쓰지 않는다. 따라서 다형식육협회 핵심 활동 중 '전통 식문화와 연계된 식생활교육'을 빼놓을 수 없다.

지난 10일 방문한 다형식육협회 사무실(타이베이시 소재)엔 웬 물고기의 인형이 놓여 있었다. 그 인형은 갯농어를 형상화한 인형으로, 식생활교육용 교재였다. 갯농어 인형은 분해가 가능해서, 갯농어의 부위별 특징 및 식감의 차이를 설명하는 데 쓰인다. 갯농어는 대만 남부에서 전통 식재료로 많이 써 온 생선이다. 그러나 갯농어는 200개 이상의 많은 뼈를 가진 물고기라, 최근 대만 아동들은 갯농어로 만든 요리를 선호하지 않는 분위기다. 이에 다형식육협회는 아이들이 갯농어를 잘 먹을 수 있도록 하기 위해 대만 전통 조리법의 연구 및 교육 노력을 기울였다. 예컨대 대만에선 갯농어와 토종 소형 수박(다형식육협회 측은 이 수박을 아기수박이라 불렀다)을 썰고서 같이 양념으로 무쳐 보존하며 식재료로 사용해 왔는데, 다형식육협회는 이러한 전통 식재료의 조리법 및 맛있게 먹는 방법을 학생들에게 교육했다. 그리하여 학생들이 버리는 부분 없이 갯농어라는 생선 전체를 다 먹을 수 있게 했다.

다형식육협회는 갯농어 기반 요리를 포함한 각종 요리법이 담긴 학교 식생활교육용 책자 『즐겨라! 학교 영양 점심』 71가지 아이만을 위한 꿀맛 레시피를 제작했다. 해당 책자에선 각종 대만산 식재료에 기반한 먹거리의 조리법을 다양하게 제공한다.

한편 일본에서도 지역 및 전통문화에 기반한 식문화를 만들려는 시도가 이어지고 있다. 지난 6월, 한살림 조합원들은 일본 도쿠시마현에서 열린 국제 식생활교육대회에 참가해 일본의 식문화운동 사례를 접하고 왔다. 도쿠시마현은 일본 열도 4대 섬 중 가장 작은 섬인 시코쿠에 위치한다. 시코쿠는 일본에서 상대적으로 인구가 적으며 소외된 축에 속하는 지역이다. 당연히 지역 경제에서 농업이 차지하는 비중도 타 지역보다 높은 편이다.

시코쿠 곳곳에서 '농민과 연결된 식생활'의 형성을 위해 노력하는 사례들은, 어쩌면 그래서 더더욱 눈에 띈다.예컨대 도쿠시마현의 (사)도쿠시마CSA풍토는 CSA, 즉 공동체지지농업에 기반해 도쿠시마에서 생산된 농산물로 먹거리를 만들고, 이를 통해 시민들이 지속가능한 먹거리를 접하게 하는 활동을 전개한다. 또한, 에히메현 가미야마정의 '가미야마 푸드허브'는 '기르는 것, 만드는 것, 먹는 것, 전하는 것'을 핵심 활동으로 삼으면서, 지역농업의 지속가능한 순환 구조를 만들어 가고자 노력한다. 그 과정에서 가미야마 푸드허브는 지역산 제철 식재료로 만든 요리를 지역 내 식당과 빵집 등에 공급하는 활동, 지역 전통 식문화와 오늘날 우리가 먹는 음식을 잇는 공동의 먹거리 제조활동을 전개한다.”

(2025.9.29.)

지난해 우리나라 경지면적이 151만2000ha인 것으로 조사됐다. 통계청은 지난 2월 27일 ‘2023년 경지면적 조사 결과’를 발표했다. 통계청에 따르면 지난해 전국 경지면적은 151만2000ha로 전년 대비 1.1%인 1만6000ha가 감소한 것으로 조사됐다. 전국 경지면적 가운데 논은 76만4000ha로 전년 77만6000ha 대비 1.5%가 감소했고, 밭은 74만8000ha로 전년 75만3000ha에 비해 약 0.7%가 줄었다. 논 면적 감소 추이가 밭 면적 감소보다 큰 상황이다. 또한 논과 밭의 비율은 2022년 1.6% 차이에서 지난해엔 1%로 논과 밭 비율 격차는 0.6%포인트 만큼 줄었다.

(2025.10.19.)

4부

감동적인 글, 좋은 글 모음

행복

행복은 지금! 여기! 있습니다.
내 자신의 마음에 평화의 동산을 만듭니다.
평화의 동산에는 건강의 꽃, 풍요의 꽃, 사랑의 꽃, 여유의 꽃
그리고 만족의 꽃을 활짝 피우는 것입니다.
그러면 행복한 웃음꽃이 활짝 피게 됩니다.
(2021.03.14.)

인생살이에 경계해야 될 내용입니다.
"벌이 꿀을 애써 모아 놓으면
자신은 먹어 보지도 못하고
사람이 빼앗아 가듯,

사람도 동분서주하며
재산을 모으는 데에만 급급하다
한번 써 보지도 못하고
죽고 나면 쓰는 사람은 따로 있다.

새가 살아 있을 때는, 개미를 먹는다.
그런데 새가 죽으면, 개미가 새를 먹는다.

시간과 환경은 언제든지 변할 수 있다.
당신 인생에서 만나는

누구든 무시하거나 상처를 주지 마라.

지금 당신은 힘이 있을 지 모른다.

그러나 기억하라.
시간이 당신보다 더 힘이 있다는 것을

하나의 나무가 만든다.
백만개의 성냥 개비를

그러나 백만개의 나무를 태우는 데는
성냥 한 개비로도 족하다.

그러니 좋은 사람이 되고, 좋게 행동하라."
(2021.04.19.)

코로나 19

누가 누구를 탓하겠습니까?

세상이 온통 '코로나19'로 정신이 없습니다. 소중한 생명들이 사라져 갑니다.

방역으로, 백신확보로 국가간의 경쟁과 갈등이 촉발하고 국내에서도 방역의 잘잘못이 연일 지상에 오르내리고 백신확보가 제대로 되었니 안되었니 한는 등 정쟁의 도구가 되고 있습니다.

어느누구도 이 논쟁에선 자유로울 수 없습니다.

이제 남탓하지말고 이 위치에서 각자가 할 수 있는 역할에 충실해 주는 것이 바람직한 일이 아닐까요?

저도 그간 남탓 많이 했습니다. 돌이켜보면 이것은 이 상황에 도움이 되지 못하는 행위였습니다.

중앙정부,지방자치단체 그리고 관계기관의 조치에 협조하고 자신의 건강을 잘 챙기는 것이 이 위기를 극복하는 최소한의 자세라고 봅니다.

(2021.04.28.)

평정심

오늘(2021.07.08) 아침 산책길에 피고 지는 꽃을 보면서 평정심이란 단어가 떠올랐습니다. 사전적 의미는 '감정의 기복이 없이 평안하고 고요한 마음'이라고 되어 있습니다.

우리는 살면서 수많은 감정의 기복을 겪으며 살고 있습니다.

행복과 불행을 느끼며 살고, 웃음과 울음을 교차하면서 살고, 기쁨과 슬픔의 반복으로 살고, 어느 감정이든 불변의 감정은 없습니다.

자! 지금 '코로나19' 때문에 정말 어려운 공통의 시련을 겪고 있습니다. 그러나 이와중에서도 웃음꽃을 피우는 사람도 있고 집단 어려움에 매몰되어 슬픔에 잠긴 사람도 있습니다.

꽃도 피고 지고, 웃음꽃도 피고 지고, 슬픔과 괴로움도 있다가 없어집니다. 인생만사 변화무쌍합니다. 이 대목에서 평정심을 가지는 사람이 행복의 주인공이라고 봅니다.

(2021.07.08.)

철도왕, 제임스 제롬 힐

가슴이 불타야 길이 열립니다.

미국의 철도왕이라고 일컬어지는 서부철도회사의 사장 제임스 제롬 힐(James Jerome Hill)은 원래 철도공사판의 노동자였습니다. 수많은 사람들이 황금을 찾아 서부로 올 때 청년 제임스도 그 사람들 속에 끼어 있었습니다. 제임스는 가장 쉽게 구할 수 있는 일자리로 철도공사판을 찾아 그곳에서 일했습니다.

많은 공사판의 노동자들이 하루 품삯 5달러에 만족하지 않고 더 좋은 일터, 더 많은 품삯을 찾아서 떠났지만, 제임스는 철도가 완성되어 많은 사람들이 쉽고 빠르게 오갈 수 있기를 소망하며 자신이 나중에는 꼭 경영자가 되겠다는 큰 꿈을 갖고서 오로지 철도 일에만 매달렸습니다.

철도를 위해 태어난 사람처럼 철도 일에 열광하는 그는 상관에게 능력을 인정받아 깊은 신뢰를 심어주고 일꾼에서 현장감독으로 승진하였습니다. 밑바닥부터 일을 시작했기에 안전과 정확한 기술이 필요한 철도 부설에는 그를 능가할 사람이 없었습니다.

어려운 작업현장에서는 제임스가 반드시 필요했다. 철도공사의 1인자인 제임스는 매니저로 승진하고 결국에는 철도회사 사장이 되었다.

젊은 시절 그의 꿈이 현실로 이루어진 것입니다. 사장이 된 제임스는 어느 날 철도현장을 순시, 점검하고 나올 때 한 노동자가 뛰어나와서는 제임스 사장의 손을 덥석 잡았습니다. 그리고는 "제임스 사장님, 저를 기억하십니까?" 제임스 사장은 그를 보자 젊은 시절 함께 일했던 기억이 되살아났습니다.

"사장님과 저는 30년 전 하루에 5달러를 벌기 위해 철도 공사현장에서 곡괭이질을 하지 않았습니까?"

제임스 사장도 그를 알아보고 손을 덥석 잡았습니다.

"아! 네. 정말 반갑소. 기억하고말고요."

옛 현장 동료와 마주한 제임스 사장은 감회가 새로웠다.

그런데 그는 아직도 5달러를 벌기 위해 일을 하고 있는 빈털터리 노동자 신세였습니다. 옛 동료를 측은하게 여긴 제임스 사장은 그에게 천천히 이렇게 말해 주었습니다.

"30년 전 당신이 철도공사장에서 5달러를 벌기 위해 일을 했을 때, 나는 단순히 5달러를 벌기 위해 일을 했었던 것이 아니었소. 철도 건설을 위해 가슴이 불타도록 일했던 거요. 그때 내 꿈은 철도회사의 경영자가 되는 것이었소."

그는 지금까지 세계 철도건설의 거두로 역사에 실이 남아 있습니다. 본인이 가진 꿈의 가치가 사람을 어떻게 변화시켰는지 보여주는 예화입니다.

경영자가 꿈이었던 제임스는 서부철도회사의 사장이 되었고 목표 없이 일했던 한 사람은 평범한 노동자로 남게 된 것입니다.

출발지점은 똑같았지만 목표 없이 일한 사람과 목표를 가지고 일한 사람과의 차이는 하늘과 땅만큼이나 달라진 것입니다. 일을 할 때에 잘 안다고 자기만족에 빠지는 것은 경계해야 할 무서운 적입니다. 따라서 관리자는 항상 목표를 설정하고 그 목표에 미달한 세일즈맨이라면 미달의 원인을 찾아내 극복하도록 용기를 부여해야 합니다.

인간은
첫째, 스스로 불을 붙이고 타오르는 5%의 사람,
둘째, 남이 불을 붙여주면 타오르는 85%의 사람,
셋째, 다른 사람이 불을 붙여주어도 타오르지 않는 8% 의 사람.

넷째, 모처럼 붙여진 불조차 꺼버리는 2%의 사람 등 네 종류로 구분됩니다.

나는 어디에 속하는지 자문해 보면서 스스로 불을 붙이고 타오르는 멋진 주인공이 되어봅시자.

백세시대

아름다운 '백세시대'를 희망합니다.

아름다운 오래살기가 되어야 하는데 그렇지 못한 '백세시대'를 걱정하는 사람들아 많습니다. 이것을 해결하는 것이 정부가 해야할 중요한 정책이라고 봅니다. 우리가 초고령사회가 되는 만큼 미리 대비하는 지혜를 모아야 하겠습니다.초고령화 사회는 65세이상이 20% 이상인데, 우리나라는 현재 16% 인데, 2025년에 20% 이상이 예상됩니다.

★百歲 時代의 얼굴 ★

〈李哲(美州 韓國日報 顧問)〉

사람은 늙어서 죽는 것이 아니다. 병들어서 죽는 것이다. 인생말년 아파서 드러누워 몇년씩 지낼 생각을 하면 가슴이 철렁한다. 나는 노후파산에 대비할 준비가 되어 있는가? 한 번씩 자신에게 물어볼 일이다. 백세시대가 왔지만, 장수가 악몽인 현상이 日本에서 일어나고 있다는 사실을 명심해야 한다. 백세시대의 또 다른 얼굴이다.

잔치모임에 가보면 으레 이애란의 히트곡, '백세 인생'을 누군가 부르는 것을 듣게 된다. 90년대 초 내가 편집국에서 일할 때 일본에서 백세 이상 노인이 3,200명에 이른다는 외신을 보면서, "백세 이상 사는 사람도 이렇게 많을 수가" 하고 놀랐던 기억이 난다.

지금 일본에 백세이상 노인이 몇 명인 줄 아는가? 5만명이 넘는다. 한국의 백세인구도 1만 7천명이나 된다.(2015년 12월 기준. 통계청 발표).

얼마전 서울 갔을때 동창들과 후쿠오카 근교 골프장으로 단체 여행한 적이 있다. 나의 눈을 휘둥그렇게 만든 것은 차가 골프장에 도착했을 때였다. 車의 트렁크를 열고 골프채를 2개씩 짊어지고 가는 직원이 예쁜 젊은 아가씨가 아니고 80세가 넘은 노인들이 아닌가.

내가 민망해 하니까 친구들이 "요즘 일본에 안 와봤어? 어딜 가나 다 그래" 라며 아무렇지도 않은 표정을 짓는다. 정말 어딜 가나 노인이 섞여 있었다. 시내식당에서 우동을 먹는데 웨이트리스 중에 70세가 넘어 보이는 할머니가 2명이나 되었다. 후쿠오카 택시 운전기사 대부분이 60세가 넘어 보이는 노인들이었다.

일본의 초고령화 시대 진입이 피부에 와 닿을 정도로 실감났다.

65세 이상이 인구의 14%면 고령사회, 20%가 넘으면 초고령 사회다. 현재 일본은 26.6%다.

나는, 일본에서 골프관광보다 노인관광이 더 흥미있었다. 왜냐하면 우리들도 일본이 겪고 있는 백세시대의 부작용을 그대로 겪을 수밖에 없기 때문이다. 문예춘추지 보도에 의하면 일본 장수노인들 중에는 누워서 20년-30년 이상 간호받는 노인이 늘어나고 있으며 85세 이상의 40%가 노망상태에 있는 노인이라는 것이다.

NHK-TV에서 '노후파산'이라는 특집방송을 내보낸 이후 일본에서는 요즘 '노후파산'이라는 단어가 장수와 맞물려 유행하고 있다. 너무 오래 살다보니 경제적으로 파탄이 나서 인생말년을 비참하게 사는 노인이 너무 많다는 것이다.

나는 일본 노인들에게 "당신들은 평생직장 근무로 얻은 퇴직금이 상당할 텐데 왜 노후에 경제적 타격을 받는가"라고 물었더니 보통 퇴직금이 2,000만엔(한화 2억) 정도인데 퇴직한 후 여행하고 집도 고치고, 子息들이 어렵다고 해 좀 도와주고, 특히 자신이나 배우자가 중병에 걸려 치료비를 쓰고 나면 퇴직 20년 후에는 퇴직금이 바닥이 난다는 것이다. 이때부터 느껴지기 시작하는데 무엇보다 장수가 자식들에게 부담이 되는 것이 제일 싫다고 했다.

그래서 일본에서는 "어떻게 오래 사느냐"가 아니라 "어떻게 하면 편안하게 빨리 죽을 수 있느냐"의 강연이 요즘 붐을 이루고 있다.

뇌졸중, 중풍 등으로 누워있는 노인을 일본에서는 '네타키리'라고 하는데 일본노인들은 오래 사는 것보다 '네타키리'가 되지 않는 것이 삶의 목표라고 한다.

한국도 통계청 발표에 의하면 80세 이상의 노인이 146만명에 이르는데 이중 노후준비가 잘 된 노인은 8.8%에 불과하다니 장수시대와 더불어 노후파산 시대에 접어들고 있는 것이다.

70세 이상 미국 노인들도 수발을 받아야 하는 기간이 평균 5-6년으로 나타나 있다. (은퇴자협회 자료).

저축해 놓은 돈 미국서는 말년에 의료비로 다 쓴나는 소리가 이래서 나오는 것이다.

사람은 늙어서 죽는 것이 아니다. 병들어서 죽는 것이다. 인생말년 아파서 드러누워 몇 년씩 지낼 생각을 하면 가슴이 철렁한다.

나는 노후파산에 대비할 준비가 되어 있는가? 한 번씩 자신에게 물어볼 일이다. 백세시대가 왔지만, 장수가 악몽인 현상이 일본에서 일어나고 있다는 사실을 명심해야 한다.

(2021.07.11)

개판 오 분 전(開飯五分前)

우리는 가끔 '개판 오 분 전'이란 말을 사용하거나 들어보았을 것입니다. 그런데 '개판 오 분 전'이란 말의 정확한 의미를 잘못 알고 있는 경우가 많이 있습니다.

우리가 흔히 알기로는 개(犬)들의 집단과 관련된 말로 알고 있으나 사실은 개와 전혀 관련이 없습니다.

'질서없이 소란스럽다'는 이말은 그 어원이 개에서 나온 것이 아니라 배고픈 사람들의 일시적인 무질서에서 나온 것입니다. 이 말의 語源에는 다음과 같은 가슴 아픈 사연이 숨어 있습니다.

6.25 전쟁 당시 많은 피난민 들이 낙동강 이남 지역인 부산으로 모여들었을 때의 일이었다고 합니다.

그 결과 지금의 부산 국제 시장 근처가 피난민들의 집결소가 된 것입니다. 그 당시에 그곳에는 피난민을 위한 무료 급식소를 열어 무료로 급식을 하고 있었습니다.

그런데 그 급식소에서 밥솥뚜껑을 열기 5분 전에 "개판 오 분 전(開飯五分前)!" 이라고 외쳐대며 배식개시 5분전 임을 알려주었습니다.

그와 동시에 수 많은 사람들이 배식 순서를 먼저 차지하려고 하다보니 일시적인 소란과 무질서가 일어났고 이를 일컬어 "개판오 분 전(開飯五分前)!"이라 표현했다는 것입니다.

여러가지 행사를 시작하기 5분전의 소란과 무질서를 표현하는 말입니다. 예전에는 교통수단의 좌석예약제가 잘 안되어 있었기 때문에 승차 때면 먼저타기 위해 '개찰5분전'의 무질서로 무척이나 소란스러웠고, 그 이외에도 여러가지 줄서기가 잘 안되어 간혹 '개판 오

분 전'이 많이 일어났습니다.

우리가 무질서를 비난하는 비속어로 사용하는 그 말의 어원에는 이러한 쓰라림을 담고 있었습니다.

그 옛날 배고팠던 기억들. 언손에 그냥 눈 맞던 시절. 부러움과 자부심의 교복. 구호물자, 분유가루, 삐라, 눈싸움, 자치기, 토끼몰이 이 모두가 6.25세대들의 추억입니다.

그래도 그 시절 추억이 아름다운 것은 진저리 나는 전쟁과 그 후유증, 삭막한 폐허속에서도 사람에 대한 정과 배려를 잊지않고 버텨왔다는 것입니다.

이 시대를 살아가는 우리들은 개판 오 분 전이 갖는 의미를 새겨보며 국가가 위태로우면 고스란히 그 아픔은 민에게 돌아간다는 뼈아픈 역사의 교훈을 망각해서는 안되겠습니다.

强者存(강자존)이라고 했습니다. 강한자 만이 살아 남을수 있습니다. 自由라는 것은 스스로를 지킬수 있는 자만이 누릴수 있는 특권이기도 합니다.

아무리 첨단 무기가 발달해도 스스로 나라를 지키겠다는 안보의식이 없다면 공산주의 북한이 자유민주국가인 우리나라를 침략한 6.25와 같은 비극은 언제라도 또다시 일어날 수 있고, 우리는 다시금 과거에 경험했던 '개판 오 분 전'과 같은 쓰라린 아픔이 옴을 항상 명심해야겠습니다. 역사를 망각하는 사람에게 미래는 없습니다.

(2021.07.15.)

오늘의 나는 내일보다 젊다

오늘의 나는 내일보다 젊습니다.

17세의 한국 탁구 최연소 국가대표와 58세의 룩셈부르크 최고령 국가대표선수의 맞대결이 2020 도쿄올림픽에서 펼쳐졌습니다.

17세의 어린 나이에도 한국 여자 탁구의 에이스이자 미래로 떠오른 탁구 신동 신유빈 선수와 올림픽만 5번째 출전하는 니 시아리안 선수가 그 주인공입니다.

사실 이 두 선수의 만남은 처음이 아닙니다. 4년 전, 스웨덴에서 두 선수는 처음 만나 대결을 펼쳤고 그때는 니 시아리안 선수의 승리로 끝났습니다. 이러한 사연으로 이 경기는 시작 전부터 많은 주목을 받았습니다.

7세트까지 진행되는 긴장감 넘치는 경기가 이어졌으며 결국 승리는 41세의 나이 차이와 이전의 패배를 딛고 일어선 신유빈 선수에게 돌아갔습니다. 그러나 승패를 떠나서 두 선수가 보여준 높은 수준의 경기는 보는 이들에게 많은 여운을 남겼습니다.

특히 탁구는 빠른 판단력과 순발력이 중요한 종목임에도 58세라는 나이가 무색하게 예리한 실력을 보여준 백전노장 니 시아리안 선수는 많은 사람에게 긍정적인 에너지와 용기를 주었습니다.

신유빈 선수는 경기가 끝난 뒤 인터뷰에서 니 시아리안 선수에 관해서 다음과 같이 말했습니다.

"저희 엄마보다 나이가 많으신데 정말 대단하시다는 말밖에 안 나오는 거 같아요. 어려운 상대였지만, 그래도 같이 풀어나가면서 좋은 경기를 했던 거 같아요."

그리고 니 시아리안 선수도 인터뷰에서 이런 말을 남겼습니다.

"신유빈 선수와 정말 좋은 경기를 했고, 다시 만났는데 정신적으로 더 강해졌네요. 그녀는 새로운 스타입니다."

비록 경기에서 졌지만, 니 시아리안 선수는 자신과 신유빈 선수를 향해서 말했습니다.

"오늘의 나는 내일보다 젊습니다. 계속 도전하세요. 즐기면서 하는 것도 잊지 말고요."

생각과 마음이 긍정적인 에너지와 열정으로 가득 차 있다면 나이는 숫자일 뿐, 더 이상 한계가 되지 않습니다.

(2021.07.16.)

큰바위 얼굴

오늘 아침 산책길에 문득 '너새니얼 호손'이 말년에 쓴 『큰바위 얼굴』이 생각났습니다.

요즈음 내년 대통령선거에 출마하겠다고 너도나도 출마선언을 하는 것을 보면서 과연 어떤 인물이 진정 이 난국의 나라를 바로잡을 인물인지 판단하기가 쉽지않구나 하는 의문에서 비롯된 생각도 있지만, 무너져가는 농촌에서 천혜의 자연을 지키고 발전시켜가는 숨은 일꾼들이 바로 '큰바위 얼굴'에서와 같은 인물이 아닐까 하는 생각이 더 간절한 동기가 아닐까 싶습니다.

'큰바위 얼굴'의 줄거리는 대략 다음과 같습니다.

'남북전쟁 직후, 어니스트란 소년은 어머니로부터 바위 언덕에 새겨진 큰 바위 얼굴을 닮은 아이가 태어나 훌륭한 인물이 될 것이라는 전설(傳說)을 듣는다. 어니스트는 커서 그런 사람을 만나보았으면 하는 기대를 가지고, 자신도 어떻게 살아야 큰 바위 얼굴처럼 될까 생각하면서 진실하고 겸손하게 살아간다.

세월이 흐르는 동안 돈 많은 부자, 싸움 잘하는 장군, 말을 잘하는 정치인, 글을 잘 쓰는 시인들을 만났으나 큰 바위 얼굴처럼 훌륭한 사람으로 보이지 않았다. 그러던 어느 날 어니스트의 설교를 듣던 시인이 어니스트가 바로 '큰 바위 얼굴'이라고 소리친다. 하지만 할 말을 다 마친 어니스트는 집으로 돌아가서 자기보다 더 현명하고 나은 사람이 큰 바위 얼굴과 같은 용모를 가지고 나타나기를 마음속으로 바란다는 내용입니다.

(2021.08.06.)

전도몽상

우리가 되씹어보아야 할 얘기들입니다.

열흘만 살다가 버리는 집이 누에고치입니다.

6개월만 살다가 버리는 집이 제비들의 집입니다.

1년을 살다가 버리는 집이 까치들의 집입니다.

그런데 누에는 집을 지을때 자신의 창자에서 실을 뽑아 집을 짓고

제비는 자기 침을 뱉어 진흙을 만들어 집을 짓고

까치는 볏 집을 물어 오느라 입이 헐고 꼬리가 빠져도 지칠줄 모르고 집을 짓습니다.

날짐승과 곤충들은 이렇게 혼신을 다해 집을 지었어노 시질이 바뀌면 미련없이 집을 버리고 떠나갑니다.

그런데 사람만이 끝까지 움켜 쥐고 있다가 종내는 빈손으로 떠나게 됩니다.

사람을 위해 돈(화폐)을 만들었는데 사람들이 돈에 너무 집착하다보니 사람이 돈의 노예가 되고 있습니다.

몸을 보호하기 위해 옷이 있는데, 너무 비싼 옷을 입으니 내가 옷을 보호하는 신세입니다.

사람이 거주하기 위해 집이 있는데 집이 너무 좋고 집안에 비싼게 너무 많으니 사람이 집을 지키는 개(犬)신세가 되고 있습니다.

이런 현상을 전도몽상(顚倒夢想)이라고 하네요. 자신도 모르게 어느순간 거꾸로 되고 있는 현상을 일컷는 말을 의미 합니다.

인생에 너무 많은 의미를 부여 하니까 의미의 노예가 되고 행복하지 못한 신세가 된것입니다.

전도(顚倒)는 모든 사물을 바르게 보지 못하고 거꾸로 보는 것이라

했고, 몽상(夢想)은 헛된 꿈을 꾸고 있으면서도 그것이 꿈인줄을 모르고 현실로 착각하고 있는 것이라고 사전에서 설명합니다.

완전한 소유란, 이세상 어디에도 없음은 이미 두루 알려진 사실입니다.

자연을 완전히 소유하는 생명체는 세상 천지 어디에도 존재 하지 않습니다.

태어난 모든 생물체는 이땅에 살아있는 동안, 자연에서 모든 것을 잠시 빌려 쓰다가 떠나가는 나그네라고 했습니다.

우리가 이세상 살아가면서 진정으로 소유해야 할 것은 결코 물질이 아니고 '아름다운 마음'이라고 말합니다.

〈그대의 마음속에서 얻은것이 진정 그대의 귀중한 소유물이다.〉

그런데 많은것들을 곁에 두고서도 제대로 써보지도 못하고 죽어가는 참으로 이상한 현대인(現代人).

미래의 노후대책 세우느라 오늘을 행복하게 살 줄 모르는 희귀병에 걸려 살고있는 現代人.

늘 행복을 자기 곁에 두고도 다른 곳을 헤매며 찾아 다니다 지쳐버린 現代人.

(2021.10.31.)

나이는 숫자에 불과

나이는 숫자에 불과하다는 말이 실감납니다. 미국의 소도시 '틴튼폴스시'에서 97세 시장이 나와 주목을 받고 있습니다. 미국 워싱턴포스트(WP)는 "공식 기록은 없지만 미국 역대 최고령 시장일 것"이라고 4일(현지 시간) 전했다나요.

미국 뉴저지주 틴튼폴스시의 현 시장인 비토 페릴로 시장(97·무소속)은 11월2일 실시된 미국 지방선거에서 재선에 성공했답니다. 틴튼폴스는 주민 1만8000여 명이 거주하는 작은 도시라고합니다. 연임에 성공한 페릴로 시장이 앞으로 4년 임기를 무사히 마친다면 퇴임할 땐 101세가 된답니다. 이쯤되면 나이가 많아서 못한다는 말은 하지말아야겠지요?

지금 그분은 매일아침 정장을 입고 직접 운전해서 출근을 한다는군요. (2021.11.10.)

일리 있는 말이라 옮겨놓습니다. 음미해 보시기 바랍니다.

"'돈으로 집을 살 수 있어도, "가정"은 살 수 없다.

돈으로 시계는 살 수 있어도, 돈으로 "시간"은 살 수 없다.

돈으로 침대는 살 수 있어도, "잠"은 살 수 없다.

돈으로 책을 살 수 있어도, "지식"은 살 수 없다.

돈으로 의사는 살 수 있어도, "건강"은 살 수 없다.

돈으로 직위는 살 수 있어도, "존경"은 살 수 없다.

돈으로 피는 살 수 있어도, "생명"은 살 수 없다.

돈으로 관계는 살 수 있어도, "사랑"은 살 수 없다."

(2022.01.15.)

새해 아침에

오늘 설날! 어려움속에서도 행복을 찾아야 합니다. 우리의 마음속에 행복은 있으니까요. 윤극영 선생님께서 1924년에 발표한 4분의 4박자의 경쾌한 음악 "설날"을 옮겨봅니다. 옛날 설날의 풍경이 그대로 되살아납니다. 불러보니 추억이 새록새록 그려집니다.

1. 까치까치 설날은 어저께고요. 우리우리 설날은 오늘이래요. 곱고고운 댕기도 내가드리고, 새로 사온 신발도 내가 신어요.

2. 우리 언니 저고리 노랑 저고리, 우리 동생 저고리 색동저고리, 아버지와 어머니 호사하시고, 우리들의 절 받기 좋아하세요.

(2022.02.01.)

덕유산의 좋은 기운도 받으러 무주구천동에 다녀왔습니다. 어제(2월4일) 밤에 눈이 내려 덕유산의 서설 '기운좋은 눈'을 즐겼습니다. 올해는 좋은 기운으로 하고자하는 일들 술술 잘 풀어갈것으로 확신합니다 (2022.02.05.)

우리나라는 대국입니다. 땅이 넓다고 대국이 아닙니다. 인구가 많다고 대국 아닙니다. 국민의 생각의 폭이 크고 다른 어려운 국가를 기꺼이 도우는 나라가 진정 대국입니다. 하여 우리의 위상은 이미 대국이 되었습니다. 일찌기 인도의 시성 '타고르'가 우리나라를 '동방의 횃불'이라고 말해주었듯이 우리는 통 큰 나라가 되었습니다. 우리 모두가 자부심을 가지고 행동한다면 세계의 중심에 우뚝 서는 큰 나라가 될 것입니다. 타고르의 동방의 등불 "일찌기 아시아의 황금기에 빛나던 등불하나 코리아. 그 등불 다시 켜지는 날 너는 동방의 찬란한 빛이 되리라." (2022.02.09.)

지금 행복하지 않으면 내일도 행복하지 않다

"지금 행복하지 않으면 미래에도 행복하지 않다"는 메세지는 확실한 메세지라고 봅니다. 지금 행복하다고 느껴야한다는 것이지요.

독일민요에 이런 내용이 있습니다.

"나는 살고 있다. 그러나 나의 목숨의 길이는 모른다."

* 얼마나 오래 살았느냐가 중요한 것이 아니라 어떻게 살았느냐가 중요하고, 몇 살인가가 중요한 게 아니라 얼마만큼 나이 값을 하며 올바르게 살고 곱게 늙어 가고 있느냐가 중요하지 않을까 싶습니다.

* 문제는 나이 값이다.

* 고희(古稀), 즉 70이 넘으면 많은 사람이 이렇게 밀합니다.

"추하게 늙고 싶진 않다!" 하지만 현실은 바람(所望)과 다릅니다.

* 쉰이 넘고 예순이 지나 일흔이 되면서 외로워 지고, 자기 삶에 만족할 수 없는 사람이 많아집니다.

* 이에 괴테는 노인의 삶을 '상실(喪失)'이라는 단어로 표현하면서

1. 건강

2. 일

3. 친구

4. 꿈을 가지고 죽을 때까지 우아하고 기품있게 살 수 있는 방법을 설명하고 있습니다.

1. 건강

어떤 명예와 지위로도 병을 이길 순 없다.

"건강은 건강할 때 신경을 써야 한다."

2. 일

스스로 노인이라고 생각 하는 사람에게 묻고 싶다.

당신은 몇 살부터 노인이 되었는가?

중요한 건 일이다. 그리고 노년의 기간은 절대 짧지 않다는 것을 기억하고 살아야 한다. 죽을 때까지 삶을 지탱해 주는 것은 '사랑'과 '일' 뿐이다.

3. 친구

한 노인이 친구와 1분이 넘게 통화를 하고 있는데, 그때 그 노인의 목소리는 소년과도 같았다

그의 표정은 기쁨과 행복함이 차고 넘쳤다.

노년의 가장 큰 적(敵)은 외로움과 소외감이다.

세상에서 누릴 수 있는 福 중에서 가장 으뜸의 福이 만남의 福이다.

배우자와의 만남 다음, 친구간의 만남은 으뜸이 아닐 수 없다.

부부는 평생의 동반자 이고, 친구는 인생의 동반자 이기 때문이다.

친구는 내가 먼저 좋은 생각을 가져야 좋은 사람을 만나게 되고, 내가 멋진 사람이라야 멋진 사람과 함께 어울릴 수 있고, 내가 먼저 따뜻한 마음을 품어야 따뜻한 사람을 만나게 된다.

진실하고 강한 우정을 쌓는 사람이, 건강하고 아름답고 행복하게 살며 활기찬 인생을 살아간다.

한사람의 평생을 행복하게 살아가기 위해 필요한 것 중 가장 위대한 것은 〈친구〉 이다.

주어진 삶을 아주 멋지게 엮어가는 위대한 지혜는 바로 우정(友情)이다.

어떤 친구는 부모형제보다 더 친밀해 지기도 합니다.

문제가 생겼을 때 감춤없이 내 안의 고통도 이야기할 수 있는 친구, 기쁠때도 또 마음이 아플 때도 의지하고 싶은 친구가 있다면, 그 어떠한 것보다 소중한 자산(資産)이 아닐 수 없습니다. 그런 친구가 내 옆에 있음은 은혜요, 감사요, 기쁨이다.

황혼까지 아름답고 멋진 행복의 열차와 같은 나도 누군가에게 그런 멋지고 기분 좋은 친구가 되어주는 우정의 탑을 만들며 살아 가도록 노력하면서 살아 가야 합니다.

4. 꿈

노인의 꿈은 삶을 향한 소망입니다. 꿈을 잃지않기 위해서는 항상 자기 자신의 내면을 바라보고 명상의 시간을 가져야 합니다.

자신과 만나는 시간을 자주 가져 봅시다. 괴테는 ''나를 만나지 못하는 사람은 길이 없다''고 했습니다.

노년에 이르면 내면(內面)을 바라보며 길을 찾고, 꿈을 향해 걸어가라고 하네요. 남이 보기에 아름답게 사는 것을 넘어 스스로 느끼기에 아름다워야 한다는 것입니다.

그래서, 괴테는 '경고'라는 시에서 자신에게 집중하는 지금 이 순간의 중요성을 강조하고 있습니다.

어디까지 방황하며 멀리 가려느냐? 보아라, 좋은 것은 여기 가까이 있다.

행복을 잡는 법을 배워라. 행복은 언제나 네 곁에 있다고 기억해야 할것이다.

《지금 이 순간 행복하지 않으면, 내일도 행복할 수 없다》

(2022.02.10.)

안중근 의사

2월14일은 우리의 영웅이시고 우리민족의 자랑이신 안중근의사가 왜놈들로부터 사형선고를 받은 날입니다. 그런데 일본은 그 사실을 숨기려 우리한테 얄팍한 상술로 초코렛을 주고 받는 달콤한 날로 만들어 우리를 우롱했다는 설도 있습니다. 그것이 사실이라면 참으로 믿기 힘든 치욕이지요.

앞으로는 2월14일은 안중근 의사의 숭고한 정신을 기리는 날이 되도록 해야 하겠습니다. 우리가 웃으면서 초코렛을 나눠먹는 우를 범해서는 안되겠지요. 피끓는 31살의 젊은 나이로 형장의 이슬로 사라져 버린 대한민국의 영웅이 사형선고를 받은 날인 2월 14일. 우리가 제대로 알고 뼈속깊이 새겨놓아야 될 것 같습니다.

"죽음을 앞둔 아들에게 보내는 어머님의 편지"

옥중에 있는 안중근의사에게 조마리아 여사가 보낸 편지입니다. 위대한 인물 뒤에 냉철하고 훌륭하신 어머니가 계셨네요. 이 편지를 쓴 어머니 조마리아님의 심정은 어땠을까요?

자꾸만 눈물이 납니다.

"옳은 일을 하고 받은 형이니 비겁하게 삶을 구하지 말고 떳떳하게 죽는 것이 어미에 대한 효도이다. 어미는 살아서 너와 상봉하기를 기망하지 않노라. 네가 만약 늙은 어미보다 먼저 죽는것을 불효라 생각한다면 이 어미는 웃음 거리가 될 것이다. 너의 죽음은 너 한사람 것이 아니라 조선인 전체의 공분을 짊어지고 있는 것이다. 네가 항소를 한다면 그것은 일본에게 목숨을 구걸하는 짓이다. 네가 나라를 위해

이에 이른 즉 망설이지 말고 죽으라”

앞으로 2월14일에는 초코렛은 사지도 주지도 맙시다.

우리의 역사를 바르게 알아야 우리 후세들에게 당당하고 얼굴을 들 수 있는 어른이 될 수 있겠지요?

잊어서는 안됩니다. 우리의 영웅 안중근의사와 어머님의 나라사랑 숭고한 정신을!!!

(2022.02.14.)

오늘도 추운 날씨속에 지리산의 좋은 기운을 고스란히 받아왔습니다. 하얗게 눈이 쌓여 신비로운 기운을 강하게 발산해 줍니다. 모두가 안전하고 행복한 시간이 되길 바랍니다.

(2022.02.17.)

행복 편지

세상은 살만하죠? 이렇게 좋은 분들이 즐비하니까요.
지인분께서 보내준 감사할 내용입니다.

♥2월21일 월요일 행복 편지 ♥

나는 인터넷과 SNS를 통해 컴퓨터 장사를 하고 있습니다. 얼마 전 오후 6시경 전화를 한 통 받았습니다.

''아는 사람 소개로 전화를 드렸어요. 여기는 경상도 칠곡이라는 곳이에요. 딸애가 초등학교 6학년인데요. 지금 서울에서 할머니하고 같이 사는데 중고품 컴퓨터라도 있었으면 해서요.

40~50 대의 아주머니인 것 같았습니다. 그러면서 적당한 물건이 나오거든 연락을 달라고 하면서 전화를 끊었습니다. 열흘쯤 지났을 때 쓸만한 중고컴퓨터가 들어왔습니다.

아주머니에게 전화하여 딸 사는 서울집 주소를 알아내서 그 집을 찾아갔습니다. 다세대 건물 안쪽 자그마한 샤시문 앞에 할머니 한 분이 나와서 기다리고 계셨습니다.

집안에는 악세사리를 조립하는 부업거리가 방안에 가득히 쌓여 있었습니다. 형편이 넉넉치 않은 것 같았습니다.

''야! 컴퓨터다.''

컴퓨터를 조립하고 있는데 그 사이 6학년 딸애가 들어와 컴퓨터를 보고 환호성을 지르는 것이었습니다.

"아저씨 고마워요."

컴퓨터를 마치 내가 컴퓨터를 구해준 은인인 것처럼 좋아했습니다. 그야말로 천진난만한 어린 소녀였습니다.

할머니가 아이의 어깨를 토닥거리면서 "너 열심히 공부하라고 니 엄마가 사준거여. 어여 학원에 다녀와라." 아이는 "네" 하고는 후다닥 나갔습니다.

설치를 마무리하고 돌아가려고 나서는데 버스정류소에 아까 그 아이가 서 있었습니다.

"어디로 가니? 아저씨가 태워줄께."

주저할만도 한데 아까 봤던 아저씨라 마음이 놓이는지, 아이는 씨익 웃으며 대답했습니다.

"하계역 이에요."

가려던 방향과는 반대였지만 태워다 주기로 했습니다. 거리로 보면 집과 학원은 너무 먼거리였습니다.

십 분쯤 갔을 때 아이가 화장실이 너무 급하다고 했습니다. 패스트푸드점이 보이길래 차를 세웠습니다.

"아저씨 그냥 가세요."

아이는 이 한 마디를 남기고는 건물 안으로 황급히 사라졌습니다. 그러나 이왕 여기까지 온 것이니 기다려서 태워다 주어야지 생각하며 무심코 조수석 시트를 보는 순간 너무나 깜짝 놀랐습니다.

조수석 시트엔 검붉은 피가 묻어있는 것이 아닌가! 순간적으로 왠 피가? 그때 갑자기 머리를 스쳤습니다

6학년 첫 생리인가? 직감했습니다. 시트를 적신 걸보니 속옷과 바지도 다 버렸겠구나. 차에서 뛰어내리며 당황하던 아이의 얼굴이 겹쳤습니다.

당장 화장실 가서 어떻게 하고 있을까? 아마 처음이니 얼마나 놀라고 당황하며 어떻게 할지 울상짓고 있을 그 아이의 모습이 떠올라 나도 어찌할 바를 몰랐습니다.

나는 마음이 너무나 급해졌습니다. 아이가 화장실에서 할 수 있는 것이 아무 것도 없을텐데. 차에 비상등을 켜고 속옷가게를 찾았지만

주변에는 아무런 상점도 없었습니다. 마음은 조급한데 별별 생각이 다 났습니다. 첫 생리 때 엄마가 옆에 없는 어린 아이가 몹씨 애처로웠습니다.

청량리 역 근처에서 황급히 속옷가게를 찾았습니다. 사이즈를 알 도리가 없어, 제일 작은 것부터 위로 두개 사이즈를 더 샀습니다. 속옷만 사서 될 일이 아니었습니다. 집사람에게 전화했습니다.

"지금 택시 타고 청량리역으로 와. 아니 그냥 오면서 전화해."

''왜 무슨 일인데?'' 자초지종 말을 하자마자 집사람이 알았다 하더니 택시를 타고 빨리 온다고 했습니다.

아내가 구세주였습니다. 아내는 다급히 "약국에 가서 생리대 xxx 달라고 하고, 그거 없으면 ㅇㅇㅇ달라고 해." "속옷은?" "샀어."

"치마도 하나 사고, 편의점 들러 아기 물티슈도 하나 사."

아내의 일사불란한 지휘 덕분에 필요한 물품들을 준비하고, 아내를 태워 그 아이가 내린 건물로 급히 차를 몰았습니다.

그동안 어떻게 처리하고 갔을까? 없으면 어쩌나 가슴이 조마조마했습니다. 시간이 꽤 흐른 것 같기 때문이었습니다.

아이 이름도 모르는 상황에서 집사람이 화장실로 들어갔을 때 세 칸 중 한 칸이 잠겨 있었고,

"얘 있니? 아까 컴퓨터 아저씨네 아줌마야~"

말을 건네자 안에서 기어들어가는 소리로 "네~" 했다고 합니다.

그때까지 그 안에서 혼자 울면서 어찌할 바를 모르고 있었던 것입니다.

다른 평범한 가정이라면 축하 받으며 조촐한 파티라도 열었을텐데, 콧잔등이 짠해 왔습니다. 그 좁은 곳에서 어린애 혼자 얼마나 힘들고 무서웠을까요?

차에서 기다리고 있는데 아내의 문자가 왔습니다.

"옆에 꽃가게 보이던데 꽃 한다발 사와."

이럴 때 어떻게 축하해야 하는지 몰라서 보이는 중에 제일 예쁜 꽃다발을 골랐습니다.

패스트푸드점 앞에서 꽃다발을 들고 있는데, 아이와 아내가 나왔습니다. 아이의 눈은 퉁퉁 불어 있었습니다.

아내를 처음 보고서 멋쩍게 웃다가 챙겨간 것들을 보고서 막 울기 시작 했었다고 합니다. 아내의 얼굴에도 눈물자국이 보였습니다. 저녁도 먹여서 보내고 싶었는데 아이가 그냥 집에 가고 싶다고 해서 집 앞에 내려줬습니다.

"아저씨! 아줌마! 너무 고마워요." 하며 울며 집으로 뛰어 들어가는 어린 소녀를 보며 우리 내외의 눈가에도 이슬이 맺혔습니다.

아내와 돌아오는 차속 대화에서 그 집 사정이 여의치 않음을 안 아내는 "그 컴퓨터 얼마에 팔았어?" "22만원" "다시 가서 주고 오자"

"뭐?" "다시 가서 계산 잘못됐다고 하고, 할머니한네 10만원 드리고 와."

중고 컴퓨터값이 내렸다는 둥 적당히 둘러대면서 10만원을 할머니께 드리고 왔습니다. 나는 내심 아내의 통 큰 마음에 놀랬습니다.

그날 밤 열 한 시쯤 아이 엄마에게서 전화가 왔습니다.

"여기 칠곡인데요. 컴퓨터 구입한…"

이 한마디를 하고 한동안 말을 잇지 못하다가 우는 소리가 들렸습니다. 나는 아무 말도 못하고 눈물을 흘렸고 아내도 따라서 눈물을 흘리고 있었습니다.

너무도 짠한 일입니다. 아름다운 부부! 우리들이 사는 세상은 아직은 이렇듯 행복입니다.

정말 우리의 이웃들은 착하게 살고 있습니다. 행복들 하십시오.

(2022.02.21.)

봄을 맞이하며

봄의 전령인 봄꽃이 피기 시작했습니다. 저의 아침 산책길 옆엔 매화꽃이 피기 시작했습니다. 지리산 정상엔 여전히 보입니다만, 모든 어려운 일들이 봄기운에 확 밀려가길 바랍니다. 모두들! 행복꽃, 웃음꽃 활짝 피웁시다.

(2022.02.28.)

오늘은 三一節 입니다.

우리 한민족이 일본의 식민통치에 항거하고, 독립선언서를 발표하여 우리의 독립 열망을 세계 만방에 알린 날을 기념하는 날입니다..

정말 잊어서는 안될 날입니다.대한민국 임시정부 시절부터 국경일로 지정하여 기념하고 있는데 임시정부에서는 1920년에 3·1절을 국경일로 지정하여 국경일 명칭을 '독립선언일'이라 칭하였으며, 3월 1일을 '대한인이 부활한 성스러운 날(聖日)'로 내무부 포고를 공포하였다고 합니다. 3·1 독립선언 1주년 기념식은 상해 올림픽대극장에서 성대하게 진행되었다고 합니다. 이후에도 3월 1일은 광복을 열망하는 독립운동가들과 온 민족에게 가장 큰 기념일이었습니다.

정부 수립 이후 1949년 10월 1일 '국경일에 관한 법률'을 공포함으로써 국경일로 지정되었고, '관공서의 공휴일에 관한 규정'에 따라 공휴일로 지정되어 임시정부로부터의 국경일 전통을 계승하였습니다. 이날 우리는 선열 분들의 나라사랑 열망을 받들어 선진 대한민국의 위상을 높이는 일을 다지는 각오를 해야하겠습니다.

(2022.03.01.)

아침 산책길에

장자는 '민심을 모으기는 어렵지 않다'고 하면서 '사랑하면 가까워지고, 이익을 주면 모여들며, 칭찬하면 부지런히 일하고, 비위를 거스르면 흩어진다'고 방법까지 일러주었다지요. 지도자가 되기 위한 사람이 새겨야할 최적의 지침인 것 같군요.

(2022.03.02.)

오늘 아침 산책은 진주성 안입니다. 차가운 봄비가 내립니다. 개나리.산수유꽃이 봄비에 젖어 더욱 싱그럽습니다. 우국충절들의 숨결이 고스란이 담겨져 있는 공간입니다. 김시민장군. 논개열사 비롯한 수많은 선열들께서 이곳 진주성에서 피로서 나라를 지켰습니다. 요즈음 대통령을 비롯한 지도자들이 나라를, 지역을 지키고 빛내겠다고 목소리 높혀 민심을 얻으려 노력하고 있습니다.

지도자는 모름지기 사익은 최소화 시키고 공익을 위해 최대한의 행동으로 실천해야합니다. 우리나라가 (동방의 횃불)이 되기 위해선 지도자들의 희생이 절대 필요합니다.

(2022.03.19.)

.

남아프리카공화국의 대통령이었던 넬슨 만델라를 기억하십니까? 그는 "높고 멋진 산에 오르면 다시 올라야 할 험한 산이 훨씬 더 많은 것을 알게 된다"는 말을 남겼습니다..

만델라는 스스로의 삶을 통해 인간 세상의 미움과 갈등을 용서와 화합으로 바꿀 수 있음을 온 인류에게 가르쳐 준 분입니다. 인간으로서 겪는 어려움 중에 피부색 때문에 차별 당하는 것보다 더 힘든 일이 있을까? 만델라는 흑인 지역에 살면서 흑인 학교에 다녀야 했고 백인 전용 해변가를 산책하는 것만으로도 처벌 받던 참혹한 젊은 시절을 보냈답니다. 20대 중반부터 인종 차별 저항 운동에 본격적으로 참여하기 시작해 처음에는 평화적 투쟁을 벌였지만, 그 한계를 절감하곤 무장 조직을 만들어 혁명을 꿈꾸는 최고 지도자가 되었습니다.

결국 만델라는 체포되어 1964년에 종신형을 선고받는다. "나는 그동안 백인들의 지배와 인종차별에 저항해 싸웠습니다. 모든 사람들이 화합하며 함께 사는 사회를 꿈꾸었습니다. 이 신념을 위해서라면 죽을 각오도 되어 있습니다." 이는 만델라의 법정 최후 진술입니다. 그는 이렇게 전투적인 혁명가였으며, 실제로 스포츠에서도 권투를 가장 좋아했다고 합니다.. 분노와 좌절을 샌드백을 치며 다스린 전형적인 투사였습니다. 당시 만델라가 사형을 면한 것은 그에 대한 국내외 지지가 이미 상당했기 때문이었습니다.

그런 그가 국민 통합을 으룬 성공한 대통령이 되었습니다. 지금 우리나라는 극심한 분열 상태에 있습니다. 다음 대통령이 선결해야 할 것은 '국민통합'입니다. 국민통합으로 명실상부한 선진 대한민국이 되길 바랍니다.

(2022.03.24.)

사색을 하며

오늘 4월1일. 나의 감사한 아침 산책길을 소개해봅니다. 진주시 평거동 뒷산 석갑산입니다. 약3km 거리를 90분 동안 완상을 합니다. 오늘은 입구에 늘어선 활짝핀 벚꽃이 반겨줍니다. 산책길 옆은 갖가지 봄꽃들로 즐겁습니다. 석갑산 정상에서면 저멀리 지리산 정상이 보이고 좋은 기운을 실은 봄바람이 온몸을 감싸줍니다. 지리산을 향해 경건한 마음으로 자연에 머리숙여 경배합니다.

(2022.04.01.)

고향 산촌에서 아침을 맞이 합니다. 봄꽃도 봄향기도 예전 같습니 다만, 젊은이들이 없는 고향마을이 아쉽습니다.

(2022.04.06.)

5부

사람이 살아가는 모습

따뜻한 사람. 좋은 사람

“멋진 사람이 되지말고
따뜻한 사람이 되세요.

멋진 사람은 눈을 즐겁게 하지만
따뜻한 사람은 마음을 데워줍니다.

잘난 사람이 되지말고
진실한 사람이 되세요.

잘난 사람은 피하고 싶어지지만
진실한 사람은 곁에 두고 싶어집니다.

대단한 사람이 되지 말고
좋은 사람이 되세요.

대단한 사람은 부담을 주지만
좋은 사람은 행복을 줍니다“
(2022.04.07.)

덕분에

"덕분에 잘 살고 행복합니다."
우리 말에 "덕분에"라는 말과 "때문에"라는 말이 있습니다.
그런데 그 말의 결과는 엄청난 차이를 준답니다.

언제나 긍정적인 태도를 반복적으로 선택하여
'경영의 신'으로 불린 일본의 전설적인 기업가인
마쓰시타고노스케님의 말입니다.

그는 숱한 역경을 극복하고
94세까지 살면서
수많은 성공신화를 이룩한 사람입니다.

그는 자신의 인생승리 비결을 한 마디로
'덕분에'라고 고백했습니다.

"저는 가난한 집안에서 태어난 '덕분에'
어릴 때부터 갖가지 힘든 일을 하며
세상살이에 필요한 경험을 쌓았습니다.

저는 허약한 아이였던 '덕분에'
운동을 시작해서
건강을 유지할 수 있었습니다.

저는 학교를 제대로 마치지 못했던 '덕분에'
만나는 모든 사람이 제 선생이어서
모르면 묻고 배우면서 익혔습니다.

참 그는 멋진 인생입니다.
남들 같으면 '~때문에'
요렇게 힘들고 요 모양이 되었다고
한탄하고 주저 앉을 상황을

'덕분에' 로 둔갑시켜 성공비결로 삼았으니
정말 대단한 사람이 아닐 수 없고
그 앞에 머리가 숙여집니다.

오늘 우리는 어떻게 살고 있습니까?
매사를 긍정적으로 보는 '덕분에'로 살고 있습니까?.
아니면 늘 부정적으로 한탄하며 탄식하는
'때문에'로 살고 있습니까?

오늘도 사랑하는 당신 덕분에
부모님 덕분에
좋은 친구들 덕분에
나를 아는 모든 사람들 덕분에
살아가고 있음을 고백하는
멋진 하루 되시길 바랍니다.
(2022.04.04.)

다산 정약용의 말씀

나이들어 여섯 가지 즐거움이
있다는 다산 정약용 선생의 말씀을 봅시다.

1.대머리가 되니 빗이 필요치 않고,

2.이가 없으니 치통이 사라지고,

3.눈이 어두우니 공부를 안해 편안하고,

4.귀가 안 들려 세상 시비에서 멀어지며,

5.붓 가는대로 글을 쓰니 손 볼 필요가 없으며

6.하수들과 바둑을 두니 여유가 있어 좋다.

누구나 다산처럼
모든 것을 긍정적으로
생각할 수만 있다면
그래서 '다산' 이겠지요.

(2022.04.08.)

문화강국 대한민국

이제 우리나라는 문화강국입니다. 자부심을 가져도 될 정도가 되었습니다. 신문기사의 일부분을 옮겨봅니다.

"BTS거나, '파친코'거나 아니면 최근 '어린이책의 노벨상'으로 불리는 한스 크리스티안 안데르센상을 받은 이수지 작가나 우리 콘텐트와 창작자들의 선전은 더 이상 새로운 뉴스가 아니다. 지난 11일 일본 넷플릭스 드라마 톱10에는 한국 드라마가 7편이나 올랐다. 아무리 '국뽕'을 자제하려 해도 문화적 어깨가 으쓱 올라간다. 문화강국의 신세계가 머지않았단 얘기다.

이런 상황에 더는 안 봤으면 하는 풍경도 있다. 정치 행사에 K팝스타들을 부르니, 마느니로 논란되는 일 말이다. 가령 BTS를 대통령 특사로 해외 일정에 대동하는 게 부적절하듯, 대통령 취임식 축하 공연을 당연시하는 것도 부적절하다. BTS의 대통령 취임식 초청은 없던 일이 됐지만, 팬들의 괜한 반발만 샀다. 국가 · 정부 행사에 K팝스타 참석을 필수 · 의무로 여기는 인식부터가 관변적 발상이다. 문화강국을 지향하는 정부라면 유난한 문화 살리기 말고, 문화(인)의 자율성을 존중하고 문화를 정치의 들러리쯤으로 여기지 않는 자세, 그것부터 갖춰야 할 것 같다."

(2022.04.14.)

지혜

"몸만 안으면 포옹이지만 마음까지 안으면 포용이다.

'운명'이란 말을 쓰지 마라. 쓰는 순간 당신 삶의 주인은 운명이 된다.

'행복'은 찾아오는 것이 아니라 찾아가는 것이다. 행복은 스스로 움직이지 않기에 참 사랑은 확인하는 것이 아니라 확신하는 것이다.

인연의 교차로엔 신호등이 없다. 스치던, 멈추던 선택은 각자의 몫이다.

젊음을 이기는 화장품도 없고, 세월을 이기는 약도 없다.

닫힌 마음을 열 수 있는 건 당신 뿐이다.
마음의 비밀 번호는 오직 당신만 알기에.

음식은 자기가 뱉은 걸 먹을 수 있지만, 말은 자기가 뱉은 걸 먹을 수 없다. 심지가 없으면 불을 밝힐 수 없고, 의지가 없으면 삶을 밝힐 수 없다.

비올 땐 아쉽고, 개일 땐 귀찮다면 그도 당신을 그렇게 생각 할 것이다. 그것이 우산을 잘 잃어버리는 이유이다.

(2022.04.15.)

이런 사람으로 기억되고 싶습니다

언제고 그리울 땐 날 편히 찾을 수 있는 그런 사람이 되고 싶습니다.

비가 오고 세찬 바람 부는 칠흑 같은 밤이라도 친구가 전화를 하면 뛰쳐나가 조용히 친구의 애환을 경청할 줄 아는 그런 사람으로 기억되고 싶습니다.

교양이 있고 박식한 사람으로 특별히 기억되기보다는 분위기 좋은 호텔의 커피숍의 커피 한잔 보다는 시골 간이역의 자판기의 커피 한 잔을 좋아하는 그런 사람으로 기억되고 싶습니다.

삶에 힘들어 하는 사람들의 애환을 달래 주는 포장마차의 소주이듯 언제고 소주 같은 그런 평범한 사람으로 기억되고 싶습니다.

능변이 아닌, 말은 비록 어눌할지라도 언제고 찾을 수 있는 그런 사람으로 기억되고 싶습니다.

헤어질 때는 못내 아쉬워서 나의 뒷모습을 뒤돌아 보며 “당신은 참으로 좋은 친구야” 라고 그림을 그릴 수 있는 그런 사람으로 기억되고 싶습니다.

(2022.04.25.)

인문학의 미래

인문학의 발전 없으면 과학기술 발전 어렵고, 진정한 선진국으로 서기도 힘듭니다. 풍부한 상상력은 인간에게 추상성을 가지게 하여 고도의 철학 세계로 갈 수 있게 해 주는데, 그 바탕이 인문학입니다.

인문학은 무수한 현인과 더불어 세상을 좀 더 좋은 세상으로 바꾸는 소수의 선견자를 탄생시키며, 동시에 많은 인간이 그러한 길을 가도록 안내해줍니다. 선견자는 대부분 당대에 현인으로부터 기인 취급을 받는 과정을 거칩니다.

종교와 철학, 미술과 음악, 문학과 역사 등 6가지 분야를 통틀어 대체로 인문학이라고도 합니다. 월터 카우프만은 "인문학의 미래"에서 인문학을 가르치는 이유를 최소한 4가지로 볼 수 있다고 하였는데 대체로 공감합니다.

(2022.04.25.)

사람이 살아가는 모습

너무나 감동적인 얘기입니다.

"사람이 살아가는 모습"

예전 미국 마이애미 롱비치 법정에서 있었던 실화 한토막을 소개합니다.

남편 없이 홀로 두 아들을 키우며 정성을 다해 교회를 섬기며 살아가는 중년 미국 여성분이 있었습니다.

어느날 아들 형제가 동네 한구석에서 전쟁놀이를 하고 있었습니다. 그때 그 지역의 유력한 저명인사가 말을 타고 그곳을 산책하다가 하필 아들 형제의 죽창이 저명인사가 타고 있던 말의 눈을 찔러, 놀란 말이 펄쩍 뛰는 바람에 말과 저명인사가 낭떠러지에 떨어져 죽게 되었습니다.

말에서 떨어져 죽은 사람도 문제인데, 그 말의 가격도 작으마치 천만 불이 넘는 세계에 몇 마리 밖에 없는 엄청 비싼 명마(名馬)였습니다.

두 아들이 재판을 받게 됩니다. 판사가 형제 둘에게 누구의 죽창이 말의 눈을 찔렀는냐 고 묻습니다.

두 형제는 서로 자기가 쏜 죽창이 말의 눈을 찔렀다고 주장했습니다.

서로 자기가 범인 이라고 자청합니다.

판사가 마음씨 아름답고 형제 우애(友愛)가 남달은 그 형제의 어머니를 재판정에 불러 세우고,
"부인, 한 아들만 사형에 처하면 되는데 형제가 서로 자기 죽창에 말의 눈을 찔렀다고 주장하니 부인이 한 아들을 정하도록 하시오!"

한참 침묵을 지키더니 기도가 끝난 부인이 하는 말
"작은 아들을 사형에 처해 주십시오!"
"판사가 ''왜 작은 아들입니까?"

판사님, 큰 아들은 전처(前妻)의 아들이고 작은 아들은 제가 낳은 아들이기 때문입니다.

"아니, 부인! 자기 몸으로 낳은 아들이 더 귀하고 살려야 하지 않겠습니까?"
"판사님, 옳을 말씀입니다. 제 몸으로 낳은 아들이 더 귀하지요, 그러나 저는 그리스도인이고 하나님의 자녀로서 교회에서 배우고 익힌 나의 삶은, 오직 하나님의 영광을 위해 사는 삶입니다. 그런데 제가 큰 아들을 죽게 한다면 하나님께 영광이 되지 않기 때문입니다."

장내가 숙연해 지고 재판정이 쥐 죽은듯 고요속에 묻혀 있을 때,
방청객들은 물론, 부인의 말에 감동받은 판사가 힘을 주어 근엄한 음성으로
"부인! 지금까지 30년 넘게 재판하면서 오늘과 같이 감동 받기는 처음입니다."

두 아들도 또 그 어머니도 미국 사회를 아름답게 선도할 모범적 가족이라고 판단한 판사는 힘주어 판결문을 낭독합니다.

“내가 판사의 권한으로 두 아들을 무죄로 석방한다.”

그러기에 오늘날 미국이라는 나라가 많은 과오와 실수를 범하지만, 세계를 이끌어 갈 수 있는 미국의 원동력이 여기에 있습니다.

두 아들의 아름답고 기특한 정신, 또 숭고한 신앙생활을 바탕으로 전처의 아들과 친 자식을 함께 키우며,

두 아들이 서로가 자기가 범인이라고 주장하게끔 한 엄마의 인성교육과 가정교육, 인간성을 바로 세우도록 교육한, 그 어머니의 숭고한 모습이 오늘의 미국이라는 나라를 대변하고 있는듯 합니다.

요즘 한국사회의 유명인사들이라고 할 수 있는 정치가, 종교인, 사회 저명 인사들의 책임을 전가하고 잘못은 남의 탓으로 하는 사례들이 너무나 많기에 이 글을 대입(對入)하여 소개합니다.

(2022.05.12.)

아름다운 만남, 소중한 인연

한 번 왔다가는 세상, 좋은 사람과 좋은 관계 맺고 살맛나는 삶을 살아냅시다.

이렇듯 우리가 살아가는 세상도 예측 가능한 만남과 관계를 맺고 살아 갔으면 합니다.

이런 말이 있지요.

"여자는 민낯으로도 만날수 있는 남자를 만나야 되고, 남자는 지갑이 없이도 만날수 있는 여자를 만나야 된다."

여자의 지조는 남자가 빈털털이가 되었을 때 드러나고, 남자의 지조는 그가 모든 것을 다가졌을 때 드러난다.

많은 시간을 보냈다고 절친한 것도 아니고, 자주 못 만난다고 소원한 것도 아니다. 말이 많다고 다정한 것도 아니고, 말이 없다고 무심한 것도 아니다.

겉 보다 속이 중요하다.

장점을 보고 반했으면 단점을 보고 돌아서지 말아야 한다.

사람이 살아가는데 최고의 자산은 좋은 사람과의 관계다.

-좋은글 中에서-

(2022.05.27.)

행복, 그리고 인생

어느 시인의 시가운데 멋진 글이 보입니다.

"물이 그릇을 탓하더냐
　둥글면 둥근대로
　모나면 모난대로
　제 모습을 그릇에
　맞추는 물처럼 사는
　사람은 세상을
　탓하지 아니하네"
　(2022.06.05.)

행복은 지금 가지고 있는 것을 즐기는 것입니다.

인생(人生), 삶 인생(人生)

삶을 뜻하는 '생(生)'은 '소 우(牛)'자와 '한 일(一)'자가 합쳐진 것으로 소가 외다리를 건너는 형국이다.

소가 외다리를 걸어가는 것은 "위기의 연속" 이란 뜻 입니다.

다리를 건너야 꿈꾸고 바라는 것에 도달할 수 있지만, 다리 밑은 깊은 강물이 있습니다.

되돌아갈 수도 없고, 뜻밖의 함정이나 장애물을 만나더라도 어떻게든 넘어야만 하는 것이죠,

아슬아슬하고 때로는 두렵기도 하지만 건너야만 합니다.

'사람 인(人)'자는 두 사람이 서로 기대고 서 있는 형상입니다.

서로 기대고 격려하면서 돌아올 수 없는 외다리를 함께 건너가는 것이 "인생(人生)"인 것 입니다.

"행복이란 내가 갖지 못한 것을 바라는 것이 아니라 내가 가진 것을 즐기는 것입니다.

(2022.06.07.)

모두가 행복한 사회

지리산의 좋은 기운을 흠빡 마시는 아침 산책길입니다.

"안녕하십니까" "건강하십시오." 주고받는 산친님(산책 친구)들과의 인사는. 정말 감사하지요.

(2022.06.10.)

거목이 그냥 되는 것이 아닙니다.

모진 비바람. 눈보라 등 온갖 고난의 세월을 겪고 견뎌온 결과물입니다. 우리 인간도 마찬가지라고 봅니다.

큰 인물도 그냥 되는 것이 아니라고 봅니다.

(2022.06.12.)

큰 나무가, 마음을 사로잡습니다. 그 속에 숱한 일들이 내재되어 있기 때문입니다. 봄바람도 .폭풍우도 눈보라도 어느땐 즐기고 어느 땐 견딘 흔적들이 보입니다. 큰 인물이란 높은 지위. 명성. 부를 가진 사람이 아닙니다. 자신에게 주어진 모든 것을 견뎌내고 참으며 살아가는 사람 이라고 해석하면 될것 같습니다. 그자리에서 묵묵히 커온 큰나무처럼!

(2022.06.18.)

심신의 건강은 용기와 인내가 필요합니다.

최고의 건강지킴이 아침산책도 역시 용기.인내가 필요하지요.

자리를 박차고 일어나 심신을 단련시켜봅시다. 행복은 심신이 건강하면 자연스럽게 온다고 봅니다.

(2022.06.20.)

건강은 심신이 동시에 단련되어야 합니다

마음부터 다스려야 하는데 이것이 참 힘들지요.

나름의 기도등 마음공부가 필요히겠지요?

감사한 마음. 기쁜 마음으로 억지로라도 만들어가는 지혜가 필요합니다.

저도 여러모로 시도해 봅니다만, 번번히 실패하곤 합니다.

하지만 포기하지 않습니다.

육체적 운동은 마음 운동보다는 좀 쉽지요? 부지런하면 가능하니까요.

아무튼 모두들 건강한 시간만들기에 최선을 다해보입시더!! (2022.06.22.)

나는 내가 만듭니다

7월도 힘차게 출발합시다. 내생에 가장 젊은 나날입니다. 행복은 내안에 고스란히 잠재되어 있습니다. 꺼내서 느끼면 됩니다

♡나는 "내가" 만듭니다)♡

모래가 방에 있으면
"쓰레기"라 하고,
공사장에 있으면
"재료"라고 합니다.

오물이 방에 있으면
"더러운 물건"이지만,
밭에 있으면
"거름"이라고 합니다.

남편 때문에
못 살겠다고 하지만,
혼자 사는 사람에게는
남편이 있다는 것이
자랑처럼 들립니다.

직장 생활이 힘들지만
직장 없는 사람에게는
직장 있는 것만으로도

부럽습니다.

매사 부정적으로 보면
"불행"하고, 긍정적으로 보면
"행복"합니다.

그래서
나는 "내 마음"이
생각 한 데로,
나를 만들어갑니다.
(2022.07.02.)

"산위에서 부는바람 시원한 바람.
그바람은 좋은 바람 고마운 바람."
동요가 흥얼거려지는 아침 산책길입니다
심신이 건강해지는 이른 아침 산속 산책을 강력하게 추천합니다.
모두들 즐겁고 건강한 하루 되십시다
(2022.07.06.)

인생길

먼길은 꾸준히 가면 되고
험한길은 헤쳐 가면 되더라.

막힌 길은 뚫고 가면 되고
높은 길은 넘어 가면 되더라.

길이 많아도
가지 않으면 내 길이 아니고,

길이 없어도
내가 걸어가면 내 길이 되더라.

오늘도
내가 건강함에 감사하고,

오늘
내가 숨쉴 수 있음에 감사하고,

오늘
내가 누군가를 만남에 감사하고,

감사가 넘치면 우리의 삶도
저절로 행복해 집니다.

즐겁다 생각하면 즐겁고
힘들다 생각하면 힘든 법,

내 마음이 시키는대로
나의 운명이 정해집니다

좋은 생각만 하시고,
좋은 일만 있기를 빌어봅니다 !
(2022.07.16.)

청년들의 일자리 중요합니다. 그에 못지 않게 중요한 것이 노인들의 희망 일자리 입니다. 건강한 순간까지는 무언가 해야합니다.

노인이나 청년이나 일자리는 생계뿐아니라 삶의 희망을 주는 것입니다. 노인들의 맞춤형 일자리는 건강을 증폭시켜 주는 것입니다.

희망과 함께 보람을 갖게 합니다.

건전한 복지는 노인들께 맞춤형 일자리를 만들어 주는 것입니다.

(2022.07.16.)

백세시대, 기적을 사는 삶

인생을 사는 방법은 두 가지입니다.

하나는 아무 기적도 없는 것처럼 사는 것이요, 다른 하나는 모든 일이 기적인 것처럼 사는 것입니다.

우리는 하늘을 날고 물 위를 걷는 기적을 이루고 싶어 안달하며 무리를 합니다. 땅 위를 걷는 것쯤은 당연한 일인 줄 알고 말입니다.

(2022).7.16)

의지와 노력이 있다면 얼마든지 빛나는 인생 후반을 만들 수 있다는 것을 보여준 분들이 우리 주위에도 있습니다만,

여기 몇 분을 소개해봅니다.

"(중략) 74세의 나이로 한국 배우 사상 첫 아카데미상 여우조연상을 거머쥔 배우 윤여정. 그의 오랜 지인이자 미국 디즈니에서 애니메이션 타이밍 디렉터로 일하는 김정자 씨(68)가 TVN '뜻밖의 여정'에 출연해 한 말이다. 김 씨 역시 2018년 에미상을 수상하는 등 탄탄대로를 걷고 있지만, 배우 윤여정이 열어준 '가능성'에 희망을 얻었다고 고백했다.

배우 오영수는 78세에 한국인 사상 첫 골든글로브 남우조연상을 받은 데 이어 최근 에미상 남우조연상 후보에도 이름을 올렸다. 지난달 작고한 '최고령 MC' 송해는 은퇴 나이로 언급되는 61세에 '전국노래자랑' 마이크를 잡았다. '나이는 숫자에 불과하다'는 것을 몸소 실천한 이는 윤여정, 오영수, 송해 외에도 2011년 작고한 작가 박완서가 대표적이다. 나이 마흔에 자식을 다섯이나 둔 엄마이자 전업주

부였던 그는 1970년 '나목'으로 여성동아 장편소설 공모에 당선돼 등단했다. 이후 여든까지 '그 남자네 집' '그 많던 싱아는 누가 다 먹었을까'와 같은 작품을 남겼다.

백세시대를 맞아 '인생 2막'을 준비하는 사람들에게 이들은 여러모로 귀감이 되는 인물들이다. 유명한 사람들이라 노년에 빛을 본 것 아니냐고 단정하기엔 이들이 달려온 과정 군데군데 눈여겨볼 부분이 상당하다.

윤여정은 신념이 확고하다. 일제강점기 고향을 떠난 조선인의 이야기를 다룬 드라마 '파친코'에서 '선자' 역을 맡은 그는 외신과의 인터뷰를 앞두고 한국의 역사에 대해 영어로 써내려간 이면지를 공개했다. 그러면서 그는 '파친코'는 일제강점기 이야기라 잘 말해야 할 것 같아서 준비했다고 말했다. 수년 전 한 걸그룹의 멤버가 안중근 의사의 사진을 보고 "긴또깡?"이라고 발언해 논란을 일으킨 사건이 오버랩되며 한국 배우로서 자부심을 갖고 인터뷰에 임하는 윤여정의 태도가 남달라 보였다. 그런 신념과 변치 않는 노력이 오늘날의 그를 만든 게 아닐까.

'죽기 전까지 마이크를 잡고 싶다'던 송해는 34년간 '전국노래자랑'을 진행하며 단 한 번도 지각한 적 없는 프로였다. 녹화 30분 전엔 무대에 올라 묵상하고 머릿속으로 자신만의 리허설을 진행했다. 후배 이상벽과의 생전 인터뷰에선 "각 동네만의 정서를 읽어내야 하기에 준비를 꼭 해야 한다"고 밝히기도 했다. 34년간 사회자 자리를 지킬 수 있었던 건 그의 이름값이 아닌 '노력' 덕분이었다.

박완서 작가는 말년까지 창작욕을 불태웠다. 생전 인터뷰에서 "욕심이라는 게 한이 없어요. 돈 욕심은 사라졌는데, 아직 남아있는 욕심이 있다면 '이런 거 하나 더 써보고 싶다'는 생각을 해요"라고 고백했을 정도다.

이들의 행보를 되짚어 보며 '사회적 활동의 종착점이라 여긴 만 60세는 어쩌면 예쁘게 피운 꽃을 떨구고 열매를 맺기 위해 첫발을 내딛는 시작점이 아닐까?'란 생각이 들었다. 무언가를 이루기에 나이는 '숫자'에 불과하다. 윤여정, 송해, 오영수, 박완서가 앞서 보여줬듯 말이다."

(2022.07.21.)

자연에 순응하면 즐겁고 두려움이 없는 생활할 수 있습니다.

우리인간이 자의적으로 자연에 역행하면 큰코다치지요.

인구문제를 억지로 푸는 것도 오만입니다. 사람이 나고 죽는 것은 자연의 고귀한 섭리라고 봅니다.

(2022.07.30.)

대부분의 사람들이 나이에 주눅들어 있는데, 거기서 탈피하는 용기있는 분들을 간혹 봅니다 . 올해 92세인 분(이상숙 박사)이 박사학위를 받는군요. 87세에 대학원에 입학을 했다는 군요. 이분이야 말로 태어난 보람을 느끼며 살아가리라 확신하고 싶습니다. 내가 존경하는 유명인 중에는 중국의 (등소평)을 꼽습니다. 1978년 74세에 실권을 잡아 90세가 넘는 나이까지 중국의 현재 기틀을 만든 분이죠. 물론 공과는 있습니다만, 나이를 초월한 활동을 한 것은 본보기가 되기에 충분합니다.

요즈음 저는 김용임 가수의 (오늘이 젊은 날)을 흥얼거립니다.

나이 잊고 심신을 건강하게. 하고싶은 것 맘껏 도전해 보는 겁니다. (2022.07.31.)

택시 기사와 낙조 인생

인생, 별것 아닙니다. 하지만 보람된 일을 해야 하지요. 어차피 주어진 삶 소중하게 갈무리해야지요. 끝까지 읽어 보시기 바랍니다.

(택시 기사와 낙조 인생)

택시 기사들은 흥미진진하거나 신기한 일들을 많이 겪습니다. 택시들은 "잠들지 않는 도시" 곳곳을 누비며 승객을 이곳 저곳으로 분주하게 실어 나릅니다.

어느 날, 택시기사가 콜을 받았습니다. 그리고 그 날 그에게 일어난 일은 평생 잊지 못할 기억으로 남았습니다.

여느 때와 같이 콜을 받고 해당 주소로 가서 경적을 울렸지만 아무도 나오지 않았습니다. 또 한 번 경적을 울렸지만 여전히 아무런 기척이 없었습니다. 이 손님이 그 날 교대 전 마지막 콜이었기에 그는 마음이 급해져 얼른 포기하고 차를 돌릴까하다가 일단 문으로 가서 다시 불러보기로 했습니다.

초인종을 누르자 노쇠한 노인의 목소리가 들려 왔습니다.

"잠시만 기다려 주세요!"

시간이 꽤 지나 문이 열렸고 90이상 되어 보이시는 작고 연로하신 할머니 한 분이 문가에 서 계셨습니다.

손에는 작은 여행 가방을 들고계셨고 문이 조금 열려 집 안이 보였는데 깜짝 놀라지 않을 수 없었습니다.

집 안에는 사람 산 흔적이 싹 지워진듯 모든 가구는 천으로 덮여있었고 휑한 벽에는 아무 것도 걸려있지 않았습니다.

단지 사진과 기념품이 넘쳐나는 상자 하나만 구석에 놓여 있었습니다.

"기사 양반! 내 여행 가방 좀 차로 옮겨 줄래요? 부탁해요!"

할머니의 요청대로 가방을 트렁크에 싣고 할머니에게 돌아가 천천히 차까지 부축해 드렸더니 도와줘서 고맙다고 말씀하셨습니다.

"아니에요. 모든 승객을 제 어머니처럼 모셔야죠!"

"굉장히 친절하시네요!"

할머니는 택시에 탄 뒤 목적지 주소를 알려주며 시내를 가로 질러가지 말아달라고 하셨습니다.

"음! 그럼 목적지까지 가는 지름길이 없는데요! 시내를 통과하지 않으면, 많이 돌아가게 될 텐데 괜찮으세요?"

할머니는 저만 괜찮다면 급할 게 없으니 돌아가도 된다고 말씀하시면서 한 말씀을 덧붙이셨습니다.

"지금 요양원에 들어가는 길이랍니다.
사람들이 마지막에 죽으러 가는 곳이죠!"

할머니는 부드러운 어조로 말을 이어 가셨습니다.

"의사가 말하길 제에게 남은 시간이 얼마 없다고 하네요!"

그 말을 듣는 순간 저는 재빨리 미터기를 껐었습니다.

"어디 가 보고 싶은 데 없으세요?"

저는 그 후 두 시간 동안 할머니와 함께 시내 곳곳을 돌아다녔습니다.

그 분은 젊은 시절 일했던 호텔을 비롯해 고인이 된 남편과 함께 살았던 예전 집 등등. 그 동안 인연이 있었던 시내의 여러 곳을 다녔습니다.

그 동안 할머니는 호기심 가득한 어린아이 처럼 바라보시기도 하고 때로는 물끄러미 바라보시며 눈물을 보이시기도 하셨습니다.

"이제 피곤하네요! 목적지로 가주세요!"

도착한 요양원은 생각보다 작았고 차를 세우니 두 명의 간호사가 나와서 할머니를 휠체어에 태웠습니다. 나는 트렁크 속에 두었던 여행 가방을 꺼내 들었습니다.

"요금이 얼마죠?"

할머니는 핸드백을 열며 제게 물었습니다.

"오늘은 무료입니다!"

"그래도 이 사람아! 생계는 꾸려가야지!"

"승객은 또 있을테니까 걱정마셔요. 괜찮아요! 문제 없어요!"

한 순간의 망설임도 없이 나는 할머니를 꼬옥 안아드렸고, 그 분 역시 절 꽉 껴안았습니다.

"이 늙은이의 마지막 여행을 행복하게 만들어줘서 정말 고마워요!"

저는 두 눈에 눈물이 가득 고인 채, 할머니의 전송을 받으며 요양원을 나왔습니다. 교대시간을 훌쩍 넘겼지만 정처없이 차를 몰고 돌고 돌아다녔습니다. 누구하고도 만나거나 말을 하고싶지 않았습니다.

오늘 이 손님을 태우지 않았더라면
그날 밤 일은 인생을 살며 제가 해 온 것 중에 가장 뜻깊은 일 중의 하나가 되었습니다.

정신없이 바쁜 삶 속에서 우리는 종종 크고 화려한 순간에만 집중합니다.

더 크게, 더 빨리, 더 멀리…

하지만 정작 인생에 의미있는 순간은 조용하고 사소합니다. 여유를 가지고 그런 순간을 맞이하면 어떨까요?

천천히, 또박 또박 진지하게 말입니다…

경적을 울리며 재촉하기 전에 인내심을 가지고 기다리셔요. 정말 중요한 무언가가 당신을 기다리고 있을지도 모르니까요.

바쁜 일상에서 잠시 모든 것을 뒤로 하고 가치있는 인생에 대해 생각에 잠겨봅니다.

나는 지금 얼마나 바쁘게 살고 있나요?

바쁘다는 이유로 인생의 소중한 의미를 놓지고 사는 것은 아닐까요?

내 주위의 사람들은 모두 소중합니다.

좋은 사람을 찾지 말고
좋은 사람이 되어주고,

좋은 조건을 찾지말고
내가 좋은 조건이 되는 사람이 되고

좋은 사랑을 찾기 전에
좋은 사랑을 주는 사람이 되어 줍시다.

좋은 하루가 되길 바라지 말고

좋은 하루를 만들고

행복해지기를 바라지 말고
나 스스로 행복한 사람이 됩니다.

털어봐! 아프지 않은 사람 있나?
꾹 짜봐!
슬프지 않은 사람 있나?

찾아봐! 힘들지 않은 사람 있나?
건드려 봐!
눈물나지 않은 사람 있나?

물어 봐!
사연없는 사람 있나?
살펴 봐!
고민없는 사람 있나?

가까이 다가가 봐!
삶의 무게가 없는 사람이 있나?

꽃은 피어도 소리가 없고,
새는 울어도 눈물이 없고,
사랑은 불타도 연기가 없습니다.

장미가 좋아 꺾었더니 가시가 있고,
친구가 좋아 사귀었더니 이별이 있고,

세상이 좋아 태어났더니 죽음이 있더라!

살만 하니 떠나는 게 인생입니다.
(2022.08.05.)

광복절

오늘 77주년 광복절입니다. 이제 우리가 선진국이 되었습니다.

애국 선열분들의 피땀으로 이룩한 나라입니다. 정치 지도자를 비롯한 지도자라고 자처하는 사람들이 진정 나라사랑의 마음으로 국가경영에 매진해 주기를 바랍니다. 물론 일반 우리 국민 모두가 선진 대한민국을 지키고 발전시킬 의무가 있습니다. 애국 선열분들의 피땀 못지않는 열정을 쏟아야 이 어려운 환경을 극복할 수 있습니다.

대한민국 만세! 대한민국 만세! 대한민국 만세!

(2022.08.15.)

여태껏 감동 있는 삶의 현장을 만들지 못한 내 자신을 탓하는 순간들이 많았습니다. 하지만 내 자신이 이세상에 하나밖에 존재하지 않는 아주 귀한 보물임을 자각하면서. 이 시간도 희망을 품고 있습니다. '꿈은 반드시 이루어진다'는 믿음을 가지고 건강하게 생활할 수 있음에 감사하고 있습니다. 반드시 남의 은혜는 잊지않고 갚아간다는. 마음도 감사한 일입니다. 과거의 허물들은 좋은 결과로 환원시킬 준비를 합니다. 나를 기억해 주는 모든 분들께 감사드립니다.

감동있는 결과를 만들어보겠다는 의지를 공개합니다.

(2022.08.19.)

이 세상은 고마움과 감사함의 연속

이왕에 사는 인생 기쁘게 안고 생활하는 지혜를 가지면 어떨런지요. 어느 선지자 분의 좋은 말씀 새겨봅니다.

"이 세상에서
누구나 짊어지고
있는 고통인 것을!

피할 수 없으면 껴안아서
내 체온으로 다 녹이자
누가 해도 할 일이라면
내가 하겠다.

스스로 나서서 기쁘게 일하자
언제 해도 할 일이라면
미적거리지 말고
지금 당장에 하자

오늘 내 앞에 있는 사람에게 정성을 다 쏟자
운다고
모든 일이 풀린다면
하루종일 울겠다.
짜증부려
일이 해결된다면

하루종일 얼굴을 찌푸리겠습니다.

싸워서 모든 일이 잘 풀린다면
누구와도 미친듯이 싸우겠습니다.

그러나…
이 세상 일은
풀려가는 순서가 있고 순리가 있습니다.

내가 조금 양보한 그 자리
내가 조금 배려한 그 자리
내가 조금 낮춰 논 눈높이
내가 조금 덜 챙긴 그 공간

이런 여유와 촉촉한 인심이
나 보다 더 불우한 이웃은 물론
다른 생명체들의
희망 공간이 됩니다.

나와 인연을 맺은 모든 사람들이
정말 눈물겹도록 고맙습니다.

가만히 생각해 보면
이 세상은 정말 고마움과 감사함의 연속입니다.
(2022.08.28.)

자연스럽다는 말이 가장 보편적이면서도 우리가 그말을 실천하는 것이 매우 어렵습니다. 자연스럽게 살면 가장 행복한 일인데 말입니다. 대자연의 품에 안기는 시간이 많을 수록 자연스럽게 되는 확률이 높아지는데. 이것은 대도시보다는 농촌(산촌. 어촌포함)에 사는 것이 더 행복해야 되는 것이 맞지요?

(2022.09.04.)

우리의 최대 명절 추석입니다.

태풍(힌남로) 때문에 어수선하지만 대비 잘 하고 견뎌야합니다.

'더도 말고 덜도 말고 한가위만큼만 같아라'는 말이 있을 정도로 추석은 최고의 풍성한 명절입니다. 둥근 보름달처럼 행복을 만드는 마음을 가져야합니다. 태풍도 인명피해 없이 곱게 지나가길 바랍니다.(2020.09.10.)

친구가 좋다

아 생각해보니
그나마 좋은 건 친구(親舊) 였다.

좋아서 손잡아 흔들어주고
웃고 말하며
시간(時間)을 잊게 해주니

서로에게 좋은 말 해주고
기운(氣運)나게 하고
돌아서면 보고싶고
그리운 사람
그는 친구였다.

친구야 ! 고맙다
잘 먹고 잘 살거라
부디 아프지 말고 오래오래 보자구나!

세상(世上)이 다 변(變)하여도
변함이 없는 건
오직 친구뿐이더라!

건강(健康)은
몸을 단련(鍛鍊)해야

얻을 수 있고
행복(幸福)은 마음을 단련해야 얻을 수 있다.

내면(內面)보다 외모(外貌)에 더 집착(執着)하는 삶은
알맹이보다 포장지(包裝紙) 가 비싼 물건(物件)과 같다.

꿀이 많을수록
벌도 많이 모이듯
정(情)이 많을수록 사람도 많이 모인다.

음식(飮食)을 버리는 건
적게 버리는 것이요.
돈을 버리는 건
많이 버리는 것이고,
인연(因緣)을 버리는 건
모두 버리는 것이다.

입구(入口)가 좁은 병(甁)엔
물을 따르기 힘들듯
마음이 좁은 사람에겐
정을 주기도 힘들다.

건강(健康) 가득한
멋진 시간(時間) 되시기를 기원(祈願)합니다.
(2022.09.06.)

행복의 조건

행복은 여기에 있습니다.
힘들 때
마음속으로 생각할 사람이 있다는 것,

외로울때
혼자서 부를 노래가 있다는 것,

같이 마주앉아 커피를 마실수 있는 사람이 있다는 것,

문자를 주고받을
맘 통하는 사람이 있다는 것,

행복은 아주 머나먼 곳에 있는것이 아닙니다.

주위에 가까운 곳에 있을 수도 있습니다.

행복은
남들이 가지고 있는 것이 아니라,
내 마음속에 있습니다.

행복은 큰 것이 아니라,
아주 작은 것에 숨어 있습니다.

오늘도 내곁으로 다가오는 행복을 받아들이는
하루 되시길 바래 봅니다.

철학자 칸트의 행복 조건에
1.할일이 있고
2.사랑할 사람이 있고
3.희망이 있으면
'행복한 사람이다'고 했습니다.
(2022.09.22.)

있을 때 잘해

우리는 모두 대동소이한 삶을 꾸려가고 있습니다. 주위분들께 조금만 관심가지면 행복은 배가 됩니다. '있을때 잘해'라는 말 아시지요?

고마운 지인께서 보내주신 좋은 글 공유합니다

안부
미루지 마세요!

어두운 새벽 산행에
등불이 없으면
한 걸음도 갈 수가 없습니다.

그런데
먼동이 트니
손전등이 귀찮아집니다.

우리네 살아가는 길에
공기, 감사, 사랑, 우정…
늘 필요치 않은 것 같다가도
어느 때는 절실히 느껴지기도 하고
너무나도 소중하게 여겨집니다.

마치 어두운 새벽길

등불처럼 말입니다

순간순간 소중한 것들,
잘 챙기시고
닥쳐올 소중한 것들은
미리미리 준비하는 것이
삶의 지혜입니다.

힘들다고
귀찮다고
안부! 답장! 관심!
미루지 마세요!

어느 순간 외톨이가 됩니다.
그리고 회복하는 데
너무나 많은 노력이 필요합니다.

늘 카톡이나 안부를 보내주는 이는
한가하고 할 일이 없어서 그러는게 아니라
"마음속에 늘 당신을 두고 있기 때문입니다!"

그리운 마음들,
미뤄왔던 안부,
오늘 한번 보내보세요~♡

(2022.09.29.)

10월 상달에

오늘 10월3일 개천절입니다. 서기 전 2333년(戊辰年), 즉 단군기원 원년 음력 10월 3일에 국조 단군이 최초의 민족국가인 단군조선을 건국했음을 기리는 뜻으로 제정되었습니다.

홍익인간(弘益人間)·이화세계(理化世界)의 대업을 이룩한 위대한 민족국가의 출발을 자축하는데 큰뜻이 있는 날입니다

개천절은 민족국가의 건국을 경축하는 국가적 경축일인 동시에, 문화민족으로서의 새로운 탄생을 경축하며 하늘에 감사하는 길일입니다.

우리 민족은 10월을 상달 [上月] 이라 불러, 한 해 농사를 추수하고 햇곡식으로 제상을 차려 감사하고 경건한 마음으로 제천행사를 행하게 되는 10월을 가장 귀하게 여겼고, 3일의 3의 숫자를 길수(吉數)로 여겨 왔다는 사실은 개천절의 본래의 뜻을 보다 분명히 한다고 하겠습니다. 우리 민족의 자긍심을 깊이 새기는 날이라고 봅니다.

(2022.10.03.)

법앞에 평등해야 되는데 돈 있고 권력을 가진자들은 뻔뻔하게 생떼쓰는 모습들이 많이 보입니다. 우리 서민들은 조금만 잘못이 있어도 불안하고 반드시 죄값을 치르는데. 잘나가는 파렴치한 자들 반드시 대가를 치르게 해야합니다. 그것이 민주 평등사회입니다.

(2022.10.04)

긍정의 점을 찍어보세요

멋진 점은 우리의 마음속에 있습니다.

긍정의 점을 찍어보세요.

사람의 인생마저 괴롭히는 '고질병'에
점 하나 찍으면 '고칠병'이 됩니다.

연약하고 작은 마음(心)에
굳건하고 낭낭한 신념의 막대기 하나만
꽂으면 무엇이든 반드시(必)
할 수 있습니다.

당신이 시도해 보지도 않고
불가능(Impossible)하다고 여기는 일이라도
점 하나를 찍으면, 나는 할 수 있습니다.
(I'm possible)

당신의 현재는 물론 미래까지
검게 짓누르는 '빚'에 점 하나를 찍어보면
당신의 앞날을 하얗게 밝혀주는
'빛'이 됩니다.

'꿈은 어느 곳에도 없다' 생각되는 인생이라도

(Dream is nowhere)
띄어쓰기만으로 '꿈은 바로 여기에 있다'
(Dream is now here)
말할 수 있는 인생으로 바뀝니다.

부정적인 것에 찍는 긍정의 점은
다른 곳이 아닌 당신의 마음에 있습니다.
결국 절망을 희망으로 바뀌는 그 하나의 획은
바로 당신의 것입니다.

당신의 마음은 불가능한 것도 한순간에
가능한 것으로 만들 수 있는
힘이 있습니다.
(2022.10.05.)

한글날에

오늘 한글날입니다. 1443년 음력12월에 28개의 글자를 만들어 1446년 음력9월에 (훈민정음)으로 반포되어 지금 우리가 자랑스럽게 시용하고 있습니다.

우리는 독창적이고 과학적인 우리의 글을 가지고 있다는 것이 얼마나 자랑스러운지 필설로 표현하기 어렵습니다. '훈민정음'하면 세종대왕의 나라사랑 백성사랑을 꼭 기억해야 합니다. 요즈음 정치판을 보면서 세종대왕의 나라사랑 정신이 더욱 간절해집니다. 우리의 한글 더욱 연구하고 발전시켜 국가발전의 동력으로 삼아야 합니다

(2022.10.09.)

우리 경상도 사투리도 제법 재미있는 것이 있지요. 요즈음 속디비지게 하는 정치꾼들 항거석 있지예. 고마 귀막고 사는기지예.

경상도 출신, 초등학교 교사가 서울로 발령 받아

첫 수업이 시작 되어
"연못 속의 작은 생물들"이란
단원을 가르치게 되었다.
생물들의 그림을 보여주며
선생님은 다음과 같이 말했다.

"연못 속에 작은 벌거지들이 억수로 많제,
그쟈?"

아이들이 의아한 표정으로 선생님을 바라보며

“선생님!, 벌거지와 억수로가 무슨 말입니까?
하고 물으니

선생님은 그것도 모르나?

“벌레가 쌔-삐렀~따는 뜻 아이가~?”

아이들이 또 눈을 깜빡거리며 “선생님!,
쌔-삐렀따는 말은 무슨 뜻인데요?”

선생님은 약간 화가 났습니다.

“그것은 수두룩 빽빽!!하다는 뜻이야”
다시말해서 “항~거석 있다 는 말이다.”

그래도 이해를 못한 아이들은 선생님께 다시 물었다.

“선생님,
수두룩 빽빽과 항거석은 또 무슨 말입니까?”

그렇게 설명을 자세하게 해 주었는데도
아이들이 이해를 못하자 화가 머리 끝까지 오른
선생님은 다음과 같이 외쳤습니다.

이 등신들아!
연못속에 작은 생물들이
천지빼까리 있다! 이 말 아이가!
쬐매한 못에 생물들이 쌔비렀다카이....

야~ 너거덜,. 와이리 티미하노
 속 디비진데이!!
(2022.10.24.)

향기로운 사람

향기로운 사람들이 있어 세상은 살만합니다.
“사막이 아름다운 것은
그 가운데 샘이 있어 그렇듯
세상이 아름다운 것은
사람간의 훈훈한 인정이
있기에 그렇습니다.

아무도 보아주지 않아도
여전히 빛을 발하는 별빛처럼
우리 사는 세상 어느 한
구석에서는
오늘도 자기의 할 일을
묵묵히 해나가는 사람이
있습니다.

그들이 있기에 세상은
향기롭습니다.
심산유곡에 피어있는 한송이의
난초가 온 산을 향기롭게 하듯이

그들의 선행 하나가 따스한 말
한마디가 이 세상의 삭막함을
모조리 쓸어가고도 남습니다.

예쁜 가을, 예쁜 햇살, 예쁜 단풍,
참으로 예쁜 계절입니다.
오늘도 계절처럼 아름답고
좋은 일만 가득하시길 바랍니다."

(2022.10.25.)

우리나라 좋은 나라입니다. 우리 국민은 대단합니다.

두동강 난 상태에서도 세계 10위권에 진입한 선진국이니까요.

우리 자부심 가져도 됩니다. 모두가 통합하고 화합한다면 '동방의 횃불'은 틀림없습니다. 정치하는 분들 정신 좀 차려서 바로보고 바로 실행하는 지혜 좀 가져주신다면 훨씬 좋은 나라가 될 수 있을 텐데요.

(2022.10.28.)

6부

행복은 내가 만든다

등불

남을 밝혀주는 등불이 된다면 이보다 귀하고 보람된 삶이 있겠습니까? '자비' '사랑' '배려' 등의 실천이 바로 등불이 되는 것이지요. 고마운 지인분께서 보내주신 좋은 글 공유해드립니다.

"등불"

누군가의 "등불" 이 되어준다는 것!
이보다 더 아름답고
고귀한 삶은 없습니다.

다른 사람을 행복하게 해주는 것은,
향수를 뿌리는 것과 같다고 합니다.
뿌릴 때 자신에게도
몇 방울 튀기 때문!

또한 내가 행복하기 위해선 다른 사람도 행복해야 합니다.
다른 사람과는
상관없이,
나만의 행복이란,
이세상 어디에도 존재하지 않습니다!

누구에게나 똑같이 귀한 인생이지만,
보다 값지고,

보다 더 아름다운, 인생길에 설 수 있다면,
이것이 보람된 인생이라고 생각합니다.

상대의 단점을 찾기 보다는,
어느 곳,
어떤 자리에서든지
"등불"과 같이 세상을 환하게 비춰주는
그런 나날이 되었으면 참 좋겠습니다.
(2022.11.09.)

시성 '티고르'가 일찌기 대한민국은 '동방의 횃불'임을 예견 했습니다. 이제 누구도 대한민국이 세계를 선도하는 위상을 꺾을 수 없습니다.

정치가 좀 후지긴하지만, 그것이 큰 물줄기를 가로막지 못합니다.

요즘 국내 정치가 다소 혼돈 속에 헤매고 있지만, 세계인이 보는 한국의 위상에 대한 자료들이 많습니다.

우리 모두 희망을 가지고 꾸준히 노력해야 합니다.

세계를 움직일 수 있는 나라는 대한민국밖에 없다며 세계 패권의 중심축을 형성하고 강대국들이 집결해 있는 극동 아시아 중에서도 세계를 선도할 나라는 일본이나 중국이 아닌 한국이 되어야 한다는데 의견을 같이하고 있습니다.

(2023.02.05.)

하기 싫은 일을 먼저 해야 한다

'하기 싫은 일을 해야 운명을 극복한다'는 어느 분의 말에 공감하고 습관화 시키고 싶습니다.

"하기 싫은 일을 해야 운명을 극복한다."

나는 사주팔자(四柱八字)를 믿지 않는다. 나한테 주어진 운명(運命) 같은 것은 없다. 운수(運數) 를 아예 믿지 않으므로 역술가나 점쟁이 따위를 찾아다니지도 않는다.

물론 사람마다 부모와 태어난 장소와 태어난 해와 달, 날과 시간이 다르고 그런 것들이 사람의 본성과 운명에 영향을 미치지 않을 수는 없을 것이다. 그러나 내가 내 운명의 주인이 되려면 사주팔자에 시달리지 않고 살아야 한다.

나는 하고 싶지 않은 일을 찾아서 한다. 나는 글을 쓰기 싫어한다. 그래서 일어났다가 앉았다가 왔다가 갔다가를 반복하고 이리저리 서성거리면서 글을 쓰는 것이다.

사람이 제 기분 내키는 대로 하고 싶은 일을 하고 살면 사주팔자대로 살게 된다. 그 반대로 하기 싫은 일을 하는 것이 사주를 극복하는 길이다. 하기 싫은 것을 해야 하고 하고 싶은 것을 하지 말아야 한다.

팔자를 거슬러 역행하면서 살아야 한다. 내가 내 운명의 주인이다. 나는 의지가 원하는 대로 살고 내 몸이나 감각이 원하는 대로 살지 않는다.

지하철을 타면 내 눈과 발이 서로 짜고 눈이 두리번거리면서 빈자리를 찾아내고 이렇게 말한다.

"한 시간 동안 서서 가려면 다리가 얼마나 피곤한가? 저기 있는 빈자리에 가서 앉아라."

그러나 나는 절대로 빈자리로 가서 앉지 않는다. 눈과 다리가 시키는 대로 하지 않는 것이다. 반대로 빈자리가 있는지 눈이 두리번거리지 않으면 빈자리에 앉는다.

마흔 두 살 때 지리산 화엄사에서 중산리까지 66킬로미터를 중간에 한 번만 쉬고 하루 만에 종주했다. 산꾼들한테 2박 3일이 걸리는 거리다. 어떻게 해서 그렇게 빨리 걷는 것이 가능한가?

쉬고 싶은 생각이 많을수록 쉬지 않고 가는 것이다. 쉬고 싶을 때 쉬지 않는 것이다. 내 마음이 몸을 억제하게 하는 것이다.

제일 공부하기 싫을 때 공부를 하고 제일 놀고 싶을 때 일을 한다. 팔자는 타고나는 것이라고 하는데 그 팔자를 이기는 방법은 거꾸로 하는 것이다. 팔자대로 하지 않고 그 반대로 해서 팔자를 이기는 공부가 바로 도학(道學)이다.

내 철학은 거꾸로 하는 것이다. 몸이 쉬고 싶을 때 일을 하고 자고 싶을 때 깨어 있는 것이다. 극념작성(克念作聖)이라는 말이 있다. 생각을 이기면 성인이 될 수 있다는 말이다. 여기서 생각 념(念)은 그

때 그 때 언뜻 언뜻 순간적으로 떠오르는 생각을 가리킨다.

하기 싫은 일을 먼저 해야 한다. 빚쟁이를 만나는 것이 제일 싫지만 날마다 문자를 보내고 통화를 해야 한다. 하기 싫은 일을 잘 할 수 있으면 하고 싶은 것은 얼마나 더 잘 할 수 있겠는가?

제일 하기 싫은 일을 먼저 해야 한다. 내 몸이 마음을 움직이게 하는 것이 아니라 마음이 몸을 움직이게 해야 하는 것이다. 하고 싶은 일을 잘 하는 것은 누구나 할 수 있는 쉬운 일이다.

(2023.02.09.)

봄은 희망이다

봄은 희망입니다. 아름다운 생명들이 우리 곁에 옵니다.
세상에서 가장 아름다운 웃음꽃은 우리 자신이 만들어야 합니다.
웃음꽃과 봄맞이꽃! 함께 즐겨보는 겁니다.
(2023.02.25.)

함께 있어주는 사람이 되는 것이 행복입니다.
필요한 자리에 있어주는 사람, 필요한 사람이 필요한 자리에 있어주는 것만큼 큰 행복도 없을 거란 생각이 드네요.

보고 싶을 땐 보고 싶은 자리에, 힘이 들 땐 등 토닥여 위로해 주는 자리에, 혼자라는 생각이 드는 날엔 손잡아 함께라고 말해주는 자리에, 그렇게 필요한 날, 필요한 자리에 그 자리에 있어줄 사람이 있다는 거 너무도 행복한 일이겠죠.

문득 그런 생각이 드네요. 누군가가 필요한 순간이 참 많구나 하구요. 무엇을 해주고 안 해주고가 아니라 행복은 내가 필요한 자리에 누군가가 있어주는 것이란 생각,
사소한 일로 다툰 적 있나요?
그래서 속상해 해본 적 있나요?
그럴 땐 마음에 속삭여 주세요.
곁에 있어주는 것만으로도 참 감사한 일이라고요.

세상엔 필요한데 너무도 필요한데 함께 해줄 수 없는 이름의 인연

이 말 못해 그렇지 너무도 많으니까요.

누군가가 곁에 있어 힘이 되어주면 좋겠습니다.
오늘도 행복 넘치는 하루되십시오.
(2023.03.17.)

우리의 어려웠던 추억입니다. 하지만 불행하지 않았습니다. 인정이 충분했기 때문입니다. 경제적으론 어려웠지만 정신적으론 행복했던 추억들입니다. 환한 웃음꽃들이 보입니다.
(2023.04.02.)

이름모를 꽃처럼. 잡초가 아름다운 아침입니다. 누가 돌봐주지 않아도 힘차게 살아가는 잡초같은 아름다운 삶을 그립니다.
우리의 삶은 결국 혼자만의 힘으로 살아가는 겁니다. 혼자서도 기꺼이 아름다운 삶을 그릴 수 있어야합니다. 아름답게 피어있는 이름모를 꽃처럼!
(2023.04.22.)

우리는 지금 기적 같은 좋은 일들에 둘러싸여 있습니다.
지금 건강하게 살아있다면 희망도 있습니다. 꿈은 이루어지게 되어 있습니다. 활짝 웃어봅시다. 하! 하! 하!
(2023.04.25.)

노년의 행복

어제(2023.4.27)는 '복지농어촌운동' 회원분들과 박경리 선생의 대하소설 주무대 하동 악양 평사리 최참판댁에 잠깐 들렀습니다.

처음 와본 분들은 깜짝 놀라는 표정이었습니다. 나도 화사한 봄속의 풍경에 한껏 좋았습니다.

(2023.04.28.)

멋진 오월이 시작되었습니다. 우리 농촌은 농업인들의 손길이 바쁩니다. '복지농촌'의 그날을 기다리고 있습니다.

파란 하늘을 바라보며 꿈이 이루어시나는 확신으로 생활하고 있습니다. 복지농어촌의 꿈은 반드시 이루어지고 선진 대한민국이 될 것입니다. 여러분들의 행복도 함께 하길 바랍니다.

(2023.05.01.)

성웅 이순신! 그분의 나라사랑 정신과 실천을 귀감으로 삼아야 하겠습니다.

진영논리로 국론이 분열되어 있는 작금의 우리나라의 현실을 어떻게 해결해가야 할까요? 임진왜란 당시에도 극도로 분열되어 있었음을 짐작할 수 있습니다만, 이순신 장군의 애국애족이 위기에서 나라를 구하셨지요. 이제 국민이 우선인 시대인지라 우리 자신이 정치하는 사람들의 분열 정치에 빨려들지 말았으면합니다. 지혜를 모아야 할 때입니다.

(2023. 06.18)

요즈음 내가 향후의 희망을 말하면, 많이 듣는 말은 '이제 편안하게 살지'입니다. 나는 단호하게 얘기합니다. '나는 지금부터 제대로 된 나의 일을 만들고 싶다'라고!

나의 롤모델은 중국의(등소평)입니다. 74세에서 88세까지 중국의 최고지도자로서 오늘의 경제대국:중국을 만든 사람입니다. 정치적인 것을 떠나서 나이를 초월한 작은 거인이었기 때문에 그분을 존경합니다. 물론 우리나라에도 그렇게 노익장을 과시한 분들이 많습니다. 그중에서도 김형석 님이 좋은 본보기인데 1920년에 태어나서 2023년 지금 103세임에도 강연등 청년의 열정으로 일하고 계십니다. 김형석 교수님께선 80세까지 장년이라고 하셨는데 나는 90세까지 장년이라고 주장하고 싶습니다.

제가 일흔인데 앞으로 20년은 더 팔팔하게 일하고 사랑하며 살고 싶기 때문입니다.

나는 나이들면서 농촌에서 살아야 된다고 주장합니다. 쾌적하고 한가로움 속에서 맞춤형 일을 하면서 즐겁게 사는 노년을 추천합니다. 물론 이런 행복의 조건을 국가나 단체가 그런 환경을 만들어주어야합니다.. 아무튼 90세까지 일하고, 우정도 사랑도 하면서 사는 우리가 됩시다.

(2023.07.07.)

가장 경계해야 하는 것은 말

우리가 일상에서 가장 경계해야하는 것은 말입니다. 불교경전인 '천수경'이 '정구업진언'으로 시작됩니다. 입으로 지은 업을 깨끗이 하는 진언입니다. 우리가 일상생활에서 한 말이 우리의 인생살이를 결정지어 간다고 봅니다. 좋은 생각으로 긍적적인 말로 생활해 가는 사람은 분명 풍요롭고 행복한 인생이 될것입니다. 웃음꽃을 피우며 사는 것은 우리 일상의 긍정적인 말이 결정지어 줍니다. 오늘도 좋은 생각. 고운 말로서 시작해서 웃음꽃 피워봅시다.

(2023.07.11.)

.좋은 사람이란 나와 뜻이 맞는 사람이라고 봅니다.
감사한 사람은 내게 물적, 심적 이익을 주는 사람입니다.
사람과의 관계는 상대적이라고 봅니다.
좋은 사람, 나쁜 사람은 내혼자만의 주관적 판단입니다.
언제나 웃음꽃은 좋은 사람의 첫째 조건입니다.
웃으면 복도 들어오구요.

(2023.07.13.)

긍정적인 말은 좋은 결과를 만들어냅니다.
'하면 돼! 할 수있어. 희망이 있어. 기분이 좋아.
얼굴이 좋아! 건강해! 등등. 자신에게도, 남에게도 희망을 만들어 줍니다.
비바람 속에서도 필 꽃은 아름답게 핍니다.
어려움 속에서도 그것을 디딤돌 삼아 꿈을 이루는 사람은 있습니다.

(2023.07.14.)

자신을 사랑하지 않으면 아무도 나를 쳐다보지 않는다. 제 자랑하는 맛에 사는 세상인데 나도 실컷 나를 사랑해 보는 거다.

왜 내가 사랑할 게 없어? 세상에서 유일한 귀한 존재인데.

"세상에는 능력 있는 사람이 얼마나 많은지 모른다. 상대적인 비교 앞에서 나의 자신감은 쭈그러든다. 우주의 사랑을 한 몸에 받은 듯 잘 나가는 사람은 또 얼마나 많은지. 승리자는 반짝이는데 나는 녹슨 유물 같다는 생각을 누구나 해봤을 것이다. 요즘은 남의 부러움을 먹고 사는 시대다. 타인에게 부추겨진 부러움 때문에라도 우리는 스스로를 미워하게 된다. '너희들은 잘났고, 나만 못났구나.' 이런 생각이 노랫말처럼 귓속을 맴돈다."

(2023.07.15.)

행복은 내가 만드는 것

전국이 물난리입니다. 자연의 성냄을 우리 인간이 이길 수 없습니다. 우리 인간들이 도토리키재기 하면서 우열을 가려보지만, 의미없는 꿈입니다. 못난 사람도 잘난 사람도 거기서 거깁니다. 못났다고, 없다고 기죽을 필요 없습니다. 잘났다고 많이 가졌다고 폼잡을 필요도 없습니다. 대자연의 섭리속에선 똑 같이 미미한 존재일뿐입니다. 그러나 사는 동안 왕자병에도.공주병에도 걸려보는 것도 좋습니다.

이세상에 유일한 존재이니까요. 이왕 사는 것. 웃음보 터트리며 사는 겁니다.

(2023.07.16.)

전통시장은 가슴이 벅차오르는 감동을 줍니다. 먹을거리가 기쁨을 줍니다. 활기찬 모습에서 희망을 용솟음치게 합니다. 삶의 정의가 시장에 있습니다. 기분 좋은 희망시간을 시장에서 만들어 봅니다. (2023.07.21.)

누구나 행복을 원하고 있습니다.

그런데 행복은 그냥 오는 것이 아닙니다. 부단한 노력으로 무언가 바라는 바를 성취할 때 행복이 찾아온답니다.

행복은 어느 누군가 만들어주는 것이 아니고 바로 내가 만드는 것입니다. 진정한 행복은 부단한 노력으로 우리 자신이 만들어가는 것입니다. 오늘도 쉼없이 노력해서 행복을 만들어 가는 것입니다.

(2023.07.25.)

건강한 삶

몸에 좋은 10대 건강식품(健康食品)은 토마토, 브로콜리, 귀리, 연어, 시금치, 견과류, 마늘, 머루, 적포도주, 녹차입니다.

10대 건강식품보다 훨씬 효능(效能)이 좋지만 팔지도 않고 돈으로 살 수도 없는 신비(神祕)의 약(藥)이 있습니다.

첫째, 웃으면 나오는 "엔도르핀"은 스트레스를 해소(解消)해 준다.

둘째, 감사(感謝)하면 나오는 "세로토닌"은 우울(憂鬱)함을 없애준다.

셋째, 운동(運動)하면 나오는 "멜라토닌"은 불면증(不眠症)을 없애준다.

넷째, 사랑하면 나오는 "도파민"은 혈액순환(血液循環)에 좋다.

다섯째, 감동(感動)하면 나오는 "다이돌핀"은 만병통치약(萬病通治藥)이다.

건강(健康)을 위한 신비의 약은 돈으로 살 수 있는 게 아니라 당신의 마음속에 있습니다.

웃고, 감사(感謝)하고, 운동(運動)하고, 사랑하며 감동(感動)을 주고받는 하루가 되길 바랍니다.

(2023.07.29.)

세계의 횃불, 대한민국

청년, 노인, 젊음, 늙음 구분의 의미가 있습니까?
모두가 소중하고 누구나 겪는 과정입니다.
청년일자리도, 노인일자리도 똑 같이 중요합니다.
나이 어린 사람도 나이 많은 언행을 하는 사람이 있고
나이 많은 사람도 푸른 희망을 품고 도전을 하는 건강한 언행을 하는 사람도 많습니다.
누구나 함께 겪는 과정을 억지로 구분해서 갈등을 조장하는 일은 없어야 합니다.
서로가 도덕적으로 지켜야하는 도리를 지켜가는 희망과 사랑이 흐르는 건강한 사회를 희구합니다.
(2023.08.05.)

우리 대한민국이 세계의 횃불이 되고 있습니다.
자유민주국가로서 튼튼한 복지국가가 되었습니다.
*짚신 나라에서 신발 수출 1위의 나라가 되었다.
*초가집 나라에서 아파트의 나라가 되었다.
*호롱불 나라에서 원전 수출의 나라가 되었다.
*사랑방 글방 나라에서 세계 제일의 문맹이 없는 나라가 되었다.
*UN 도움으로 나라를 지킨 나라에서 UN사무총장을 배출한 나라가 되었다.
*외화벌이 노동 수출 나라에서 노동 수입국이 되었다.
*숭늉 나라에서 커피 왕국이 되었다.
*짐 보따리 나라에서 재벌의 나라가 되었다.

*가마 나라에서 자동차 천국의 시대가 되었다.

*한길 나라에서 거미줄 고속도로 천국이 되었다.

*거북선 나라에서 선박 수출 세계 제일의 나라가 되었다.

*대장간 나라에서 제철 왕국이 되었다.

*5일장 나라에서 백화점, 대형마켓의 나라가 되었다.

*비행기 없던 나라에서 초음속 전투기를 생산하는 나라가 되었다.

*활 쏘는 나라에서 전차, 대포, 전투기를 수출하는 무기 수출 8위의 나라가 되었다.

*달을 보며 계수나무 부르던 나라에서 달을 탐색하는 위성을 쏘아 올린 나라가 되었다.

*판소리 나라에서 K-팝 수출의 나라가 되었다.*천막극장 나라에서 세계적인 영화배우와 k팝스타를 배출하는 나라가 되었다.

*마라톤만 1등하던 나라에서 태권도, 수영, 빙상, 골프, 양궁, 배드민턴, 탁구, 펜싱, 야구 등에서 1등하는 국가가 되었고, 올림픽을 개최한 나라가 되었다.

*국민소득 60불 나라에서 35,000불, 세계가 인정한 세계 10위 경제선진국이 되었다.

이제 다함께 화합해서 명실상부한 선진 대한민국이 되어야합니다.

(2023.08.17.)

자연과 함께하는 삶

자연과 교감하고 순응하는 삶이 바람직하다고 봅니다. 좋은 공기 마시며 산책을 하고,좋은 경관을 즐기며 자연에 산재해있는 좋은 식물을 채취해 먹는 것, 자연과 교감하는 일이라고 봅니다. 우리 인간은 자연에 역행하면 반드시 그 대가를 치릅니다. 우리는 좋은 산. 강과 들을 보전하는 것에 최선을 다해야 하는 의무가 있습니다.
(2023.08.21.)

우리의 삶은 자연의 인연법칙에 의해 영위되어 갑니다.
거만해질 우려 때문에 가끔 시련을 줍니다.

겸손해지라고 힘든 일을 시킵니다.
낮아지는 법을 배우라고 채찍질을 합니다.

어려움속에서 삶의 지혜를 쌓아갑니다.
행복은 지혜로 만들어집니다.
(2023.08.31.)

희망은 삶의 좌표입니다.
희망은 청춘입니다.
희망은 우리의 삶을 윤택하게 해줍니다.
희망을 품어야 긍정적인 삶이 됩니다.
희망은 내가 만들어 가지면 됩니다.
희망은 남녀노소가 없습니다.

희망은 용기를 줍니다.
희망은 건강하고 즐거운 삶을 만들어 줍니다.
늘푸른 소나무처럼 늘푸른 희망을 품습니다.
(2023.09.04.)

추석, 개천절, 한글날

추석명절은 우리의 마음을 설레게 합니다. 추석(秋夕) 또는 한가위는 음력 8월 15일에 치르는 행사로 설날과 더불어 우리 민족 최대의 명절입니다. 추석은 농경사회였던 예로부터 지금까지 이어져오는 명절입니다. 추석에는 널뛰기, 제기차기, 강강술래, 윷놀이, 씨름 등의 놀이를 했습니다만 요즈음은 특별한 곳에서만 볼 수 있습니다. 보름달에 소원빌기는 우리의 소중한 의식입니다. 조상을 기리는 차례가 가장 중요한 행사입니다. 풍성하고 좋은 계절이라 온가족이 모여 정을 나누기에 좋은 명절입니다. 행복한 추석명절되십시오.

(2023.09.25.)

오늘 개천절입니다.개천절은 단군왕검이 고조선을 세운 것을 기념하는 날입니다. 하늘을 열었다는 '개천'이란 말은 환웅이 하늘에서 태백산의 신단수 아래로 내려온 것, 혹은 기원전 2333년에 단군이 고조선을 처음 건국한 것을 의미합니다. 우리나라의 생일인셈이지요. 역사적으로 정말 중요한 날입니다. 소중한 날의 의미를 되새겨봅니다. (2023.10.03.)

오늘 한글날입니다. 훈민정음이 1443년 창제. 1446년 반포된 것을 기념하고 우리 한글의 우수성을 널리 알리고자 국경일로 정하였습니다. 우리의 한글은 어느 문자보다 우수하고 과학적이라는 것입니다. 오늘 우리는 세종대왕의 애족애민의 깊은 뜻을 되새겨야합니다. 우리나라가 세계의 횃불 역할을 할 수 있는 근간이 되는 한글!

소중하게 잘 사용해야 하겠습니다. (2023.10.09.)

노인이 존경받는 시대

나이의. 많고 적음은 의미가 없습니다. 누구나 늙고 자연의 품으로 돌아가니까요.

생각만 해도 기분 좋아지는 사람!

복받은 사람입니다.

그런 사람이 되도록 노력하는 사람도 복받는 사람입니다.

항상 감사하는 사람은 최고로 복받는 사람입니다.

(2023.10.11.)

노인이 존경받고 제대로 생활하는 사회가 정상적인 사회입니다. 노인이 홀대받고 관심 밖으로 밀려난다면 어떻게 정상적인 사회입니까? 우리나라의 노인세대는 전쟁의 상흔과 가난이라는 어려운 시간을 감내해온 분들입니다. 그런 어려움을 이겨내고 가난의 굴레에 벗어나게한 노인들 덕분에 현재 우리가 물질적, 정신적 풍요를 누리고 있습니다. 그런 노인들이 나이로 차별받고 기회가 박탈되는 것은 우리가 답습해서는 안 되는 일입니다. 지금 우리의 노인들의 노후가 대단히 불안합니다. 노인들이 지닌 경험과 지혜가 우리 사회에서 제대로 역할을 해낸다면 국가 경쟁력 면에서도 큰 힘이 될 것입니다.

어떤 사람도 노인이 되는 것을 피할 수 없습니다. 노인문제는 우리 모두의 문제입니다. 나이 차별 없이 함께 살아가는 복된 사회를 기대합니다.

(2023.10.11)

관상을 뛰어넘는 심상

관상을 뛰어넘는 심상. 마음을 갈고 닦아야 된다는 말입니다. 지도자는 가슴을 활짝 여는 자세가 무엇보다 중요함을 일깨워주는 글입니다. 중국 송나라 때의 명재상 범문공이 젊은 시절 당대의 유명한 역술가를 찾아갔습니다. 이 역술가는 한눈에 사람을 알아보는 재주가 있어서 집 대문에 들어서면 이미 샛문을 통해 그 사람의 됨됨이를 파악했습니다. 그래서 성공할 사람 같으면 정중하게 마당까지 나가서 맞이하고 벼슬도 제대로 못 할 사람 같으면 아예 문도 열어보지 않고 그냥 방으로 들어오게 했습니다.

범문공도 자신의 앞날이 궁금해서 이 역술가를 찾아갔더니 문도 열어 보지 않은 채 그냥 들어오라고 했습니다. 범문공이 역술가에게 물었습니다. “제가 재상이 될 수 있겠습니까?” 역술가는 그런 인물이 못되니 헛된 꿈을 접으라고 했습니다. 그러자 범문공이 다시 역술가에게 물었습니다. “그렇다면 의원은 될 수 있겠는지 다시 봐 주십시오.” 역술가는 의아하게 생각했습니다. 당시에 의원이란 직업은 오늘날처럼 처우가 좋은 직업이 아니라 여기저기 떠돌아 약 행상을 하는 직업이었습니다. 재상을 꿈꾸다가 아니라고 하니까 돌연 의원이 될 수 있겠냐고 묻는 범문공에게 역술가는 그 까닭을 물었습니다. 그러자 범문공이 대답했습니다. “도탄에 빠진 백성들을 위해 제 한 몸을 바치고자 합니다. 재상이 되어 나라를 바로잡고 떠받들면 좋겠지만, 안된다고 하니 나라를 돌며 아픈 사람이라도 고쳐주고자 하는 겁니다.”

이 말을 들은 역술가는 큰 충격을 받고 말했습니다.”대개는 사람을 볼 때 관상, 족상, 수상으로 보지만 심상(心象)이라는 것도 있소이다.

내가 실수를 한 듯하오. 당신은 심상으로는 단연 재상감이오. 부디 힘써 이뤄 보시오.”

이후 범문공은 송나라의 훌륭한 재상이 되어 후세에 크게 이름을 떨쳤습니다. 사람의 그릇과 성공은 외모에서 결정되는 것이 아닙니다. 결국은 그 사람의 됨됨이, 즉 마음으로부터 비롯되는 것입니다. 외모를 가꾸는 것도 필요하겠지만, 그보다 마음을 먼저 가꿔보는 건 어떨까요? (2024.01.06.)

우리는 항상 모자람속에 살아갑니다. 누구나 완벽을 추구하지만 불완전하다는 것을 인정하고 상대방의 불완전함을 수용해주는 지혜가 필요합니다. 여기 정호승 시인의 “반달”을 소개해 봅니다. “아무도 반달을 사랑하지 않는다면/ 반달이 보름달이 될 수 있겠는가/ 보름달이 반달이 되지 않는다면/ 사랑은 그 얼마나 오만할 것인가” (2024.02.7.)

“가치있는 인생은 포기하지 않으면 누군가 반드시 돕는다. 신이 돕고 운명이 돕고 기회가 돕는다.,(2024.02.08.)

오늘(2월10일)은 우리의 설날입니다. 설레는 밤을 지내던 어린시절이 추억으로 다가옵니다. 모두가 가족과 함께 행복한 시간되시고 복 많이 받으십시오. 설날은 음력 새해의 첫날(음력 1월 1일)을 기념하는 명절입니다. 지금은 전 세계는 양력을 표준 달력으로 쓰기 때문에 공식적인 새해의 첫날은 양력 1월 1일입니다. 하지만 우리에게 설 명절은 특별한 대명절입니다. 우리나라에서 설날은 설, 원일 (元日), 원단(元旦), 세수(歲首), 연수(年首), 단월(端月)이라고도 하며, 조심하고 근신하는 날이라 하여 신일(愼日)이라고도 일컫는 날입니다. (2024.2.10.)

지금 실천하라

김국환 가수의 희망의 노래입니다. 힘이 불끈나는 노래입니다.

“배가 들어온다”

”배가 들어온다. 배 들어온다. 하동(원래는 인천) 앞바다에 배가 들어온다. 님도 돌아오고 돈도 들어온다. 살다가 이런 날 올 줄 알았다. 쥐구멍에 볕들고 고목나무 꽃 핀다. 무시하지 말고 깔보지도 말아라. 산다는 게 그런 거다. 오르막길 내리막길 열 번을 넘어져도 한 번은 대박이 난다. 봐라, 들어온다, 배 들어온다. 언젠가 이런 날 올 줄 알았다”

(2024.04.21.)

지금이 중요하고 소중합니다. 지금 실천하고 행복해야합니다. 옛날 어느 마을에 한 부자가 살았습니다. 그런데 그는 욕심이 많고 구두쇠로 소문이 나서 마을 사람들 사이에서 꽤 평판이 안 좋았습니다. 어느 날, 부자가 지혜롭기로 소문난 노인을 찾아가 물었습니다. “어르신, 저는 마을 사람들에게 제가 죽은 뒤에 전 재산을 어려운 이웃들에게 나눠주겠다고 약속했는데도 사람들은 아직도 저를 구두쇠라고 하면서 미워하고 있습니다.”

노인은 부자의 물음에 다음과 같은 이야기를 들려주었습니다. “어느 마을에 돼지가 젖소를 찾아가 하소연했다네. 너는 우유만 주는데도 사람들의 귀여움을 받는데, 나는 내 목숨을 바쳐 모든 것을 다 주는데도 사람들은 왜 나를 좋아하지 않는 거지?” 노인은 계속 부자에게 이야기를 이어갔습니다. “그러자 젖소가 돼지에게 대답하기를 나는 비록 작은 것일지라도 살아 있는 동안 해주지만, 너는 죽은 뒤에 해주기 때문일 거야.” 이야기를 듣고 있는 부자를 쳐다보며 노인은 다시 말했습니다. “지금 작은 일을 하는 것이 나중에 큰일을 하는 것보다 더 소중하네. 작고 하찮은 일이라도 지금부터 해 나가는 사람만이 나중에 큰일을 할 수 있다네.”

인생에서의 중요한 과제를 ‘나중’으로 미루는 사람들이 있습니다. 그러나 지금 행동하지 않으면 나중에 행동하기는 더 어렵습니다. 백 번 말하기는 쉽지만, 한 번 실천하기는 어렵기 때문입니다. 말 만 내세우고 행동을 나중으로 미루지 마세요. 지금 작은 것부터 하나씩 행동해야 나중에 더 큰 일도 할 수 있습니다.”

(2024.04.14.)

얼굴반찬

얼굴반찬이란 함께 오순도순 밥을 함께 먹던 가족을 말합니다. 옛날 밥상머리에는 할아버지 할머니 얼굴이 있었고, 아버지 얼굴과 어머니 얼굴, 형 동생 누나의 얼굴이 맛있게 놓여 있었습니다. 가끔 이웃집 아저씨와 아주머니 먼 친척들이 와서 간식처럼 앉아 있기도 했고 어떤 때는 외지에 나가 사는 고모와 삼촌이 외식처럼 앉아 있기도 했습니다. 이런 얼굴들이 풀잎반찬과 잘 어울렸습니다. 그러나 지금 고기반찬이 가득한 아침저녁 나의 밥상머리에는 아들도 딸도 아내도 없습니다. 모두 밥을 사료처럼 퍼넣고 직장으로 학교로 나간 것입니다. 밥상머리에 얼굴반찬이 없으니 인생에 재미라는 영양가가 없습니다. 인정이 사라졌습니다.

(2024.11.14.)

너무 아파하지 마세요

지식을 통해서 지혜를 배우기는 하지만, 자기 경험보다 더 좋은 지혜는 없을 것입니다. '백문이 불여일견'이란 말이 있듯이 사람은 자기가 직접 경험했을 때 확신을 할 수 있는 것입니다. 경험은 거저가 없습니다. 그 댓가를 반드시 지불해야만 경험은 사람에게 지혜라는 선물을 가져다 줍니다.

가시에 찔려 본 사람이라야 그 가시가 얼마나 아픈가를 알 수 있으며 뜨거운 사막을 걸어 본 사람이라야 사막이 어떤 환경인지를 알 수 있는 것입니다. 경험을 하려면 인내가 필요합니다. 인생에게는 가시와 같은 아픔도 찾아오고 삶에 갈증으로 간절한 목마름도 찾아옵니다. 자신의 의지와는 전혀 상관없이 그렇게 불쑥 찾아오게 됩니다.

힘들지만 조금만 참으세요. 급류를 타고 올라가는 물고기는 힘들다고 중간에서 결코 포기하지 않고, 기어이 올라가서 자기가 태어난 목적을 반드시 이루고 맙니다. 신이 인간에게 그런 경험을 주는 것은 그로 하여금 더 많은 지혜를 얻게 하기 위함입니다. 참고 견디면 고귀한 경험과 지혜가 되어 성공과 행복에 안착한다는 얘기지요

(2025.02.15.)

수적천석(水滴穿石), 유유상종(類類相從)

감사합니다. 좋은 습관을 생활화하면 좋은 일이 이루어져 행복한 인생이 되지요. (수적천석)이라는 말이 회자되지요. 수적천석(水滴穿石)은 '떨어지는 물방울이 돌을 뚫는다'는 뜻의 사자성어입니다. 무슨 일이든지 끈기로 계속 밀고 나가면 반드시 성공한다는 의미입니다. 송(宋)나라 때 나대경(羅大經)의 '학림옥로(鶴林玉露)'와 홍자성(洪自誠)의 어록(語錄)인 '채근담(菜根譚)'에 나오는 말이랍니다.

(2025.2.05)

정말 가슴에 와 닿는 글이라 나누기 위해 옮겨놓습니다.

-유유상종(類類相從)-

여러 나라를 떠돌아 다니며 방랑자 생활을 하던 공자가 아차 하는 사이에 실수를 저질렀다. 그가 타고 다니던 말이 농부의 밭으로 들어가 농작물을 망쳐 버린 것이다. 이에 화가 난 농부가 아무 말도 하지 않고 그 말을 끌고 가버렸다.

공자가 제자들에게 물었다. "누가 가서 말을 되찾아 오겠느냐?" "제가 가서 찾아오겠습니다." 평소에 말주변이 좋다는 제자 자공이 선뜻 나섰다. 그러자 마부도 함께 나서서 말했다. "아닙니다. 이 일은 제가 말을 잘 지키지 못해서 생긴 일이므로 제가 찾아 오겠습니다." "그래도 자공이 가는 것이 좋을 것이다." 공자의 이 말에 자공이 어깨를 으쓱이며 농부에게 다가갔다. 그런데 자공이 아무리 입이 닳도록 빌고 설득해도 농부가 말을 되돌려 주지 않는 것이었다. 그렇다고 농부의 손에 잡혀 있는 말고삐를 강제로 빼앗아 올 수도 없는 일이어서 자공은 맥빠진 모습으로 그냥 되돌아왔다. 이번에는 마부를 내보냈다. 마부가 웃으며 다가가 농부에게 말했다. “당신이나 나나 다같은 농부가 아니오? 내가 깜빡 조는 사이에 말이 밭으로 들어갔으니 이해하시구려.” 마부의 이 말에 농부가 허허 웃더니, 군말 없이 말을 되돌려 주었다.

유유상종이라 하여 사람들은 같은 무리끼리 어울리는 경향이 있다. 서로 동병상련의 감정을 느껴 쉽게 동정하고 이해하고 공감하기 때문이다. 이 경우에도 선비인 자공보다 배우지 못한 마부가 더 쉽게 문제를 해결할 수 있었던 것도 바로 그런 이유에서였다. 자공이 마부와 똑같은 말을 해도 농부는 그 부탁을 들어주지 않았을 것이다. 자공의 선비 복장과 말투에서 농부는 이미 거부감을 느끼기 때문이다.

그렇다면 공자는 왜 처음부터 마부를 보내지 않고, 자공을 보냈을까? 공자가 마부를 먼저 보내면 자공은 속으로 불만을 품을 것이다. 자기도 그 정도의 일은 쉽게 해결할 수 있다는 자만에 서운한 감정을 품을 것이다. 공자는 자공이 실패함으로써 자신의 능력에도 한계가 있다는 사실을 알게 했고, 또한 대하는 상대에 따라 사람마다의 역할이 따로 있다는 것을 가르쳤던 것이다.

많이 배웠다고 세상 일이 뜻대로 풀리는 것은 결코 아니다. 마음속의 교만을 없애야 하는 것은 기본이고, 다양한 사람들과 어울릴 때 만사가 보다 쉽게 해결된다.

(2025.07.08.)

최고의 선물, 마음

영화 “인턴”을 보셨나요. 2015년에 미국에서 제작된 영화입니다. 이 영화를 보면서 나이는 숫자에 불과하다는 것. 나이 상관없이 소통해야 한다. 그리고 어떤 일이든 자기가 맡은 일 에 최선을 다하는 것이 삶에 보람을 준다는 것을 느꼈습니다. 영화의 줄거리는 “여성 CEO 줄스는 짧은 시간에 엄청난 성공신화를 이루고, 자기 계발과 고객 서비스를 위해 최선을 다한다. 어느 날 그녀는 70세 인턴 벤을 채용하게 되면서 그와 함께 인생에 대한 다양한 고민을 나누기 시작한다”는 것인데. 정말 보람있는 것이 무엇인지 생각케하는 영화입니다.(2025.07.18.)

감사합니다. 오늘 어린이날! 어린이는 우리의 보배입니다.이린이들이 기쁘고 행복한 나라가 명실상부한 선진국입니다. 구김살없이 건강하게 뛰어노는 환경을 만들어주어야 합니다. 모든 어린이들이 밝게 웃고 재미나는 일상이길 바랍니다.

(2024.05.05.)

새로운 하루가 시작됩니다.사람이 사람에게 줄 수 있는 최고의 선물은 마음이라고도 합니다. 작은 관심과 사랑이 우리 모두의 등불이 될 수도 있습니다. 가슴에 사랑의 꽃이 피면 세상이 모두 아름답게 보입니다. 삶이란 어울림이기도 합니다. 끝까지 힘내시고, 긍정적으로 함께 살아갈 수 있으면 좋겠습니다. 오늘도 사랑이 스며든 건강하고 행복한 하루 보내시기 바랍니다.

(2025.08.26.)

지금 사랑합시다

러시아의 대문호 톨스토이는 평생 동안 3가지 질문을 가슴에 품고 살았습니다.

1. 그대에게 가장 소중한 사람은 누구인가.

2. 그대에게 가장 중요한 일은 무엇인가.

3. 그대에게 가장 값진 시간은 언제인가.

이 질문에 대해 톨스토이는 정답까지도 우리에게 말해줍니다. "가장 소중한 사람은 바로 지금 그대와 함께있는 사람입니다. 가장 중요한 일은 지금 그대가 하고 있는 일입니다. 지금 당신 곁에 있는 사람을 위해 선행을 베푸는 일입니다. 가장 값진 시간은 바로 지금 이 순간입니다." 톨스토이가 여행 중 한 주막집에 머물게 되었는데, 그 주막집에는 몸이 아픈 딸아이가 있었습니다. 그 아이는 톨스토이가 가지고 있던 빨간 가방이 좋아 보였는지 그 가방을 달라고 졸라댔습니다. 톨스토이는 그 빨간 가방에는 짐이 있고 지금은 여행 중이라 줄 수 없으니, 여행을 마치고 돌아가는 길에 다시 들러서 주겠다고 아이에게 약속했습니다.

얼마 후 여행을 마치고 약속대로 그 아이에게 가방을 주려고 주막집에 들렀을 때, 톨스토이는 그가 떠난 뒤 그 아이가 곧바로 죽었다는 사실을 알게 됩니다. 톨스토이는 그 아이의 무덤을 찾아가 비석에 한 글귀를 새겼습니다. "사랑을 미루지 마라" "인간이 알몸으로 태어나는 이유는 이 세상에 충만한 사랑으로 생존할 수 있기 때문이고, 알몸으로 돌아가는 이유는 이 세상에서 체험하고 쌓은 사랑을 모두 이 세상에 그대로 놓아두고 가기 때문이다." 라는 말을 들은 적이 있습니다. 내일은 사랑하고 싶어도 사랑할 수 없을지 모릅니다. 시간은 나의 게으름을 기다려 주지 않습니다.

지금 사랑합시다.

(2025.10.18.)